五感でとらえなおす阪神・淡路大震災の記憶

関西学院大学
震災の記録プロジェクト
金菱 清（ゼミナール）編

関西学院大学出版会

もくじ

まえがき

金菱　清

救助でその時「点」で救える命があるように、社会学には記憶の掘り起こしによって忘却されてしまった歴史を後から「線」として救いだすという大きな役割がある。一九九五年一月一七日の阪神・淡路大震災発生からまもなく二九年を迎える。三〇年近くの月日を経て、人々の記憶に震災はどのように残っているのだろうか。それを五感を手掛かりに震災を読み解いてみたい。この本には明確なねらいがある。通常、災害は復興を含めると視覚優位で捉えられることが少なくない。家屋や公共施設が地震によって倒壊される様、あるいは復興期において新たに建造物や道路や鉄道が復旧する際の様子などは、前後の比較として視覚で収められることが常である。それを三〇年近く経った今、問い直してみたいと考えている。

今から遡ること百年前に起こった関東大震災を読み解いたジェニファー・ワイゼンフェル

ドは、『関東大震災の想像力――災害と復興の視覚文化論』（青土社 二〇一四）のなかで、カメラとテクノロジー的視覚化技術によってもたらされた様々な見方が、視覚的権威を行使し、人々の認識に大きな影響力を持ったことを示している。一九二三年の関東大震災におけるアサヒグラフの表紙を飾った一面においても、炎上する町を遠くからとらえた航空写真を掲載している。このように被災地を撮影した航空写真は、地上の人々を豆粒のように見せ、被害の広がりを強調することで、スケールを表現し、個々の生命の損失よりも、文明や都市の破壊について多くを誇大に語ることが示されている。

航空テクノロジーによって新たに獲得された鳥瞰図（鳥の目）は、写真の視野の広大さを増幅し、見る者と被害とのつながりの〝非人格化〟を進めることになる。そして、その後の大規模な都市復興の成果を航空的ヴィジョンの時空間的広がりとインパクトで増大させようとするが、見かけ上の全体性は日本政府にとっては有用だが、それは人々を戸惑わせるもので、関東大震災の出来事の意味や復興がもたらす効果を完全に包摂することはできなかったとジェニファーは述べている（同書 五八―六〇）。

百年前の事象は、阪神・淡路大震災やそれに続く東日本大震災にもつながってくる視覚（およびその視角）的系譜であり、真上から垂直に眼差す政策が立案されるが、それは無数の争点が潜んでいることを軽々と覆い隠してしまう危険がある。

それに対して本書では、視覚優位文化のなかで視覚以外の五感を手掛かりに災害を読み解くことを目指す。震災は、視覚を含めた五感という感覚で知覚されている。瓦礫と化した町は見るものとして視認されるし、けたたましい救急車や消防車のサイレンは音として耳に残り泣き叫ぶ声は聴覚に残る。当たり前で感じたこともない食事のありがたみは、避難時の空腹や質素な配給の食事が味覚を通して当時の記憶を留める。

また、火災現場では普段は感知することのないような熱さとして触れ、家屋が燃えた後には鼻を突くような臭いや倒壊した家屋の埃塗《ほこりまみ》れの空気感が嗅覚として残る。これらの知覚がなければ、その事実は空想ということになる。それだけでなく、その後一・一七から三〇年近くのあいだどのような記憶が感覚として保持され続けているのか。

私たちは（非）視覚・聴覚・味覚・触覚・嗅覚と呼ばれる五感でもって、震災当事者の災害を感知し続けるセンサーに着目して災害を捉え直してみたいと考える。一般的には、聴覚↓視覚↓触覚↓味覚↓嗅覚の順で記憶が忘れにくい、あるいは残りやすいといわれている。本書では以下の解題をもとに、五感を手掛かりとしながら大震災の記憶に迫ってみた。

まず、嗅覚【匂う】の1章「遺体安置所をめぐる匂いと場所の感情喚起の違い」では、神戸村野工業高等学校の遺体安置所をめぐって、匂いを手掛かりに記憶に迫る。神戸市長田区だけでも九一九名が亡くなったが、そのうち最大六八九名ものご遺体をこの高校が請け負った。当初数体だけかと思った遺体の数は日を追うごとに膨れ上がり、腐敗していった遺体の前で物を食べられない匂いのなか感覚が麻痺するまでになる。しかし、時が経ち年々しんどくなっていく当事者たちがいた。なぜだろう。匂いと場所の感情喚起が持続的に記憶として留まり続けることを突き止めつつも、同作業に携わった人々で差が生じている。それを距離と心情に着目した論考である。

次の味覚にあたる【味わう】の2章「変わってしまった町に残り続ける町の味わい」では、地域の神社が私たち住民の身代わりになって地震で潰れてくれたという言葉を手掛かりにしながら、尼崎の築地という町の復興を捉える。町の震災前にあった日常の人づき合い、しかもそれはなかなか言語化しにくい息遣いが聞こえるような味わいを保全する住民運動として描かれたものである。築地における「くらしのアナキズム」という概念に基づく味わいは、国や行政に頼らず自分たち独自の考えで市からの計画に対案を出すような抵抗とコミュニティとしてのまとまりから発せられるものである。

触覚にあたる【触れる】では、大切な家族を突然失った当事者が、現実では視覚的に会えなくなって悲しみを持つ。それを埋め合わせるかのように夢で故人に触れる。3章「震災前の日常を夢で触れ、震災後人の温もりに触れる」では、母弟を亡くした遺族が、震災という予期しない死別に遭遇したことで、離別の不安が襲い、当初は夢のなかで温かい日常を見ることになり、「結ぶ」ことが活性化される。

時間が経ち、気持ちが落ち着き、諦めと受容が促進されることで、夢を見なくなる、つまり「切る」機能が果たされるように思われた。しかし聞き取りを進めるうちに、夢だけで切り結ぶことではなく、現実世界で人の介在という社会結合によって夢を変化させているという実態があきらかになった。

視覚の【見えない】では、地震によって建物や建造物が破壊されたり、火災によって焼失したりするので、多くの場合、新しく建物ができあがったり、道路や港湾が整備されたり、視覚的に見て立て直されることを実感するものである。しかし、視覚障がい者は震災や復興というものをどこで感知するのだろうかという問いを立ててみよう。

4章「被災前から始まっていた視覚障がい者の災害対応力」は、晴眼者の一般的な復興や震災の感知とは異なった観点で、視覚的観点が奪われた時にどのような震災像が立ちあがるのかということを、視覚障がい者へのインタビューや日記から明らかにした論考である。調査を進めるうちに、まるで晴眼者が震災を見てきたかのような微細な災害の様子が垣間見れたり、避難者との情報交換のうえで対等に渡り合ったりする。それは視覚障がい者が、普段から認知地図が崩れること（＝小さな被災）と再構築を繰り返し行っていることで、大きな災害が生じた時に、晴眼者よりも応用可能性を発揮できるのではないかという災害の対応力として、被災前から鍛錬されていたことを発見するものである。

最後の聴覚にあたる【聴く】では、様々な災害の音や声に耳を傾けてみると、長らくその出来事を留まらせていることが少なくない。5章「声による生死の判断とトラウマを語る力」では、消防士を対象に聞き取りを進めるが、当時は大規模災害が生じた際に効率的に負傷者の判別ができる仕組みの「トリアージ」が導入されていなかった。そのなかで、被災者の助けを請う声だけを手掛かりに救助の判断をせざるをえない現場があった。聞き取りから、彼らが今でもあの時の判断は正しかったのかという葛藤を抱えていることがみえてきた。救助した側の消防隊員は「閉ざされた声」として黙さざるをえない状態に追い込まれていたが、そのトラウマを語る力に変えることで震災の出来事を伝える使命感を果たすことができた論考である。

6章「被災者／非被災者の境界を溶かす新たな当事者の在り方」は、当事者とは誰かという問題を問い直すものである。あなたは震災当時その場に居合わせず揺れを知らなかったという声を受け、震災当事者から外れた感覚を長らく持つことになった方がいた。しかし時間をおいてみると、この当事者という捉え方の枠組みにも変化が生じることになった。神戸で活動を続け復興に携わることで、震災に対する当事者意識が揺れの当事者とは異なるものとして立ちあがったのである。外側からみて自分の置かれている状況や自分のやってきたことに当事者性を見出すことは、「当事者性」の概念を刷新することだろう。

Ⅰ　匂う

1章　遺体安置所をめぐる匂いと場所の感情喚起の違い

大村　楽・高菅　峻

はじめに

（ご遺体の匂いを嗅いで）絶対ここで吐いたらあかんって思ったからどうにか我慢したかなっていうぐらい。近くにご遺族おられてそこまでなるってよっぽどやと思います。

（二〇二二年一二月一四日　霜川卓之さん聞き取り調査より）

私たちの生活は様々な匂いに溢れている。匂いは心地よいものや不快といった単純な感情だけでなく、その匂いを嗅いだ瞬間に大切な人や場所を懐かしむ気持ちや、その真逆ともいえる非常にネガティブな気持ちにもなることがある。私たちの生活に常に存在する匂いは、阪神・淡路大震災にも当然存在した。震災発生から三〇年近く経った今、匂いはどのような形で記憶に残っているのだろうか。

今回最も強烈な震災の匂いとして刻みつけられているであろう遺体について考えてみたい。兵庫県神戸市長田区だけでも九一九名が亡くなったが、そのうち最大六八九名もの遺体が神戸村野工業高等学校（以下村野工高）に安置された。運び込まれた遺体は圧死や焼死など、様々な原因で死にいたっていた。当時から村野工高に勤めている北野貴久さん（当時三一歳）は「申し訳ないけど感情も泣くこともない。ただ一番記憶に残っているのは何も物を食べられない匂いですね。人の死んだ匂いと焼けた匂いがすごい。だからもうここまで来たらみんな呆けた状態。戦争を知らないけどその時はそんなんかな」（二〇二二年一二月一四日）と三〇年近く経った当時の様子を振り返る。震災発生から二八年経った今も、毎年一月になると眠りが浅くなってしまうほど、震災が北野さんに残した衝撃は大きく、深い。

そこで記憶に残る様々な要素のなかで私たちは特に遺体の匂いに注目し、村野工高での震災の記憶に触れた。震災下に人々が嗅いだ匂いは非日常的なものが多く、震災以降同じ匂いを嗅いだことがないが確実にその人の記憶に刻まれている。二八年前に嗅いだ匂いが具体的にどのような匂いであったかの再現自体は非常に困難である。本章では、遺体安置所のもつ特有の匂いについて、実際に遺体安置所の運営に携わった神戸市職員の霜川卓之さんと村野工高の理科教員である北野貴久さんの体験をもとに明らかにしていく。

一　次々と運び込まれるご遺体

数百もの遺体の安置

震災当時、村野工校には遺体が所狭しと並べられていたが、遺体を映すことや見ること、見られることは視覚的・感情的にアンタッチャブルな側面があり、遺体安置所がどのような状況であったのか、どのように実際動いていたのか、積極的には報道されていない。しかし当たり前のように日常を生きる私たちには想像もできない光景や体験がそこにはあった。

従来であれば、遺体安置所は公共施設がその役目を担うが、本来遺体を収容するはずであった神戸常盤アリーナは地震により損傷し

1月17日が近づくと村野工業高校の玄関に被害の写真が掲示される
（2022年12月5日撮影）

てしまった。村野工高は、警察や消防、区役所庁舎と県道二一号を挟んで筋向かい、かつ新湊川より東に位置するため運よく火災を逃れていた。川の向こう側は一帯が火に包まれ、燃え尽きるまで手の施しようがない状態であった。神戸市長田区福祉事務所の所長が村野工高を訪問し遺体収容を依頼、当時の竹内校長が承認する形で急遽代替の遺体安置所となった。村野工高へ運び込まれた遺体はまず体育館に置かれた。当初は数体だと想定して引き受けたが、信じがたい速度で増えていく遺体の数は百体にのぼり、千平方メートルある体育館をすぐに埋め尽くした。そこに入りきらない遺体を収容するため、あわせて四五〇平方メートルある柔・剣道場が新たな安置場所として、校長判断で即日追加された。

またその翌日には第四校舎二階の三教室にそれぞれ五〇体ずつ、そして本館の会議室へ数十体の遺体が運ばれたが、それでも入りきらない遺体は廊下に安置した。校舎自体も倒壊の恐れがあり、当時はまだ余震も続いていたため校舎内に安置することを避け、ついには中庭のテニスコートも安置場所として使用されることとなった。その際、もしも雨が降ってしまった時に遺体が濡れないよう県の職員たちが体育祭用のテントを張った。予想もできなかった被害に棺などは到底追いつかず、寄せ集めてきたあり合わせの布を遺体にかけ、姿を見えないようにした。そうするしか亡くなった方を守る術はなかった。

警察官による検視が終わっても、地震で地元の葬儀場も被害を受けたり対応が追いつかなかったりと、運び出す場所もなかった。また、学校のグラウンドは自衛隊の駐屯のテントで埋め尽くされたため、ヘリコプターを降ろすことができるスペースもなかった。そのためヘリの離着陸は学校近くの西代の地区で行われた。ひっきりなしに離着陸を続ける自衛隊のヘリが、学校から遺体を姫路などの葬儀場へ運び出すまでにも遺体は傷んでいくばかりであった。柔・剣道場から遺体を全て運び出し、北野さんたち教職員が畳を片付けた際には、畳は遺体の体液でびしょびしょに濡れており、作業を行った人の服も濡らすことになった。服は当然処分せざるをえなかった。

守衛室前には遺体安置場の案内図が掲示されていた（「阪神・淡路大震災の記憶」より）

遺体安置業務

遺体の安置業務は阪神・淡路大震災の際に急に整備されたものではなく、実は大震災前に多くの犠牲者が出た一九三八年の阪神大水害後に整備されたものである。その時は六一六人もの人が亡くなった。その教訓を踏まえ、当時長田福祉事務所に勤務していた霜川卓之さん（当時三〇歳）は福祉事務所の先輩たちから「災害があった際は、福祉事務所の職員が遺体安置業務の役割を担わなければならない」と聞いていた。頭ではわかっていても、まさか遺体の安置をしなければならないほど大変なことは起こらないだろうと当時は重く受け止めていなかった。しかし、阪神・淡路大震災が起こり、災害対応マニュアルに「遺体安置は福祉事務所職員が担当」と明記されていたため、遺体安置は業務として霜川さんたちが行うことになった。

最初は亡くなったのは四、五人だろうと聞き、村野工高で体育館の床に卒業式等で使うフロアシートを敷いて受け入れられる準備をするよう警察から連絡があった。長田区内だけで四人も亡くなってしまうことに驚いていたが、ふたを開けてみれば数人どころではなく、遺体は次から次へと運ばれてきた。当時は、救急車で運ばれる遺体は少なく、阪神大水害の時のように、今回も家のドアや畳を外し、そのうえに遺体を乗せて近所の住民や、家族の複数人で前後左右を持って運んでくるものが多くを占めていた。運ばれて来た遺体は、あり合わせの毛布で包んで体育館の床に安置した。

少し時間が経ち、深夜一時頃に神戸市立西市民病院（当時）から、たくさんの遺体が安置されているため引き取りに来てほしいと依頼があった。村野工高からその病院まで一キロ弱ぐらいだが、道はかなり渋滞しており、車は全く動いていなかった。具体的な搬送方法の指示もないまま仕方なく歩いて病院まで行くと、停電している暗闇の廊下には何体もの遺体が置かれていた。病院側からストレッチャーを用いて遺体を運ぶといいといわれ、霜川さんたちは一体ずつ遺体を二、三人でストレッチャーに乗せて手押しで繰り返し運ぶことにした。渋滞している道沿いを通り、四、五時間のあいだに何度も往復した。当初は四、五人だろうといわれていたが、遺体の数は予想をはるかに超え、初日だけで百体以上の遺体が村野工高に安置された。

遺体安置の作業そのものにおいても、作業と直接関わりのないところでも、当時の村野工高には通常考えられない経験が数多くあった。自衛隊のトラックなどが遺体を運んで来ていたが、ある夜、震災前に従事していた業務で担当していた家族がトラックの荷台から降りてきた。子供をおんぶした女性は、腕に何かを抱えており、霜川さんの顔を見るなり駆け寄ってきた。「霜川さん、お父ちゃんこんなんなってしまった」と言いながら、毛布に包まれたその塊のようなものを霜川さんに押し当てた。中身は見なかったが、それは女性の父の遺体の一部であった。遺体はおそらく焼けてしまい、かろうじて残った部分だけがその毛布に包まれているのだろうと霜川さんは感じた。とっさに受け取った毛布からはまだ熱が伝わって来ていた。

棺が届いて数日後には、学校の玄関前に山ほど搬入されてきた遺体に添えるドライアイス交換が始まった。数が限られていたため一人に対してドライアイス三つというきまりがあり、霜川さんたちは、脳が傷まないようにこめかみに二つ、内臓が傷まないようにお腹に一つを置いた。顔にハンカチを被せられている遺体もあったがほとんどの遺体には被せられておらず、お線香の香りが充満している部屋で毎朝遺体の顔を拝みながらのきつい作業であった。元々の顔は人それぞれ異なるに決まっているが、遺体は皆一様に同じような顔をしていた。地震で圧死した人が多かったからなのか、ほぼ全員といってもいいほど遺体の多くは狐のように目がつり上がっていた。

霜川さんたちは、日常生活を送るなかで遺体を見ることは滅多になかったが、遺体安置の業務を任せられたことで、多くの遺体を見ることになった。当初は遺体をとにかく受け入れて次々と安置する作業を終始行っていたため、感情移入する余裕もなかった。しかし、だんだん運ばれてくる遺体の数が減り、業務の比重が棺を組み立てることやドライアイスを交換することへと移っていった。その頃から霜川さんはその作業や人々が置かれている状況が普通ではないことを思い出し、徐々に業務のなかに感情が出てきた。

二　ご遺体の匂い

最大六八九体もの遺体が安置され、一部避難所にもなっていた当時の村野工高は様々な匂いが入り混じっていた。たとえば、遺体の匂いだけでなく、消毒の匂いや糞尿やごみの匂いなど得体の知れない匂いに包まれていた。霜川さんの体験の一つに、匂いが大きく関係する体験がある。

学校のいたるところに遺体は安置されていたが、当時は遺体の数に対して棺が足りていなかった。棺キットが夜に運ばれてくるようになり、遺体が運ばれてくる合間をみて、金槌と釘でキットを組み立てた。そして安置されている遺体を、組み立てた棺に入れてふたをするという作業の繰り返しが始まった。その際、ある遺体が強く印象に残った。

遺体は二〇代くらいの背の高い男性で、安置されてから時間が経ち腐敗も始まっていた。職員二人がかりで遺体の下に敷いてある毛布の端と端を持って遺体を棺に入れようと試みたが、男性は背が高かったため、簡単に棺には収まりそうになかった。どう入れるか迷っているあいだに、遺体が棺の側面に当たり、腐敗している遺体のお腹あたりから内臓の液が勢いよく飛び出し、吐きそうになるくらいの強烈な匂いがした。霜川さんはこの時のことを冒頭のように「とにかく吐きそうでここまでぐらい上がってきてたんだけど、近くにご遺族がいたので、絶対ここで吐いたらあかんって思ったからどうにか我慢したかなっていうぐらい。近くにご遺族おられてそこまでなるってよっぽどやと思います。まぁよう耐えたと思うってぐらいの匂いやった」（二〇二二年一二月一四日）と苦しそうに語った。遺体を前にして、ましてやご遺族の前で吐くようなことは絶対にあってはならないと思っていたが、表現のしようもない強烈な匂いを前に、危うく耐えられないほどの衝撃を受けた。霜川さんはあまりの出来事に、この作業をずっと続けることに精神的負担を感じざるをえなかった。

村野工高の理科教員である北野さんは、腐敗の進んだ遺体の匂いをタンパク質が腐った匂いという表現した。実際に、震災から数年経ってから真夏に自宅で冷凍のイカを一週間室温で放置してしまった際に似たような匂いがした。

匂いについて、遺体安置に直接関わった霜川さんよりも、村野工高の教職員であり、遺体安置の業務に直接的に関わることがなかった北野さんたちのほうが多くの情報を語ってくれた。

北野さんたちは体育館に入った際に館内の柔・剣道場で特に死臭を感じた。また、遺体を運び出した後、一カ月ほど大会議室に残ったのは消毒液の匂いであった。北野さんたち教職員は大会議室を使って何度も会議をしていたが、入室するたびに消毒の独特の匂いにウッとなり、消毒液の匂いを感じなくなるまで時間を要した。

遺体安置所だけでなく避難所としても利用されていた村野工高は、遺体の匂いに限らず、生きた人の糞尿やゴミが徐々に溜まり、やがて得体の知れない匂いを発するようになった。そんな遺体安置所で一日中働き続けていた北野さんは、「匂いってね。忘れられへんけど麻痺するんよね。学校来たらうわってなるけど一時間ぐらいしたら麻痺して、家帰ったら服に匂いついてて、それに気がつくよね。死体の匂いがついてる」（二〇二二年一二月五日）と振り返る。日頃は体験するはずもない衝撃的な匂いでも、その匂いさえも気にならないほど麻痺して、やるべき作業に徹していた。しかし、自宅に帰るとその麻痺は解けて、自分の服の異臭に気づいた。

三　距離と心情

遺体安置業務を実際に行ったか否かでご遺体との物理的距離を測ると、霜川さんは遺体との距離は近く、北野さんたちは比較的遠いということになる。距離をそのまま捉えると、当然霜川さんのほうが遺体の匂いの記憶や、業務中の感情の動きもあるだろう。しかし、ここまでに示した通り、村野工高での匂いに関して比較的感情的に多くを語ったのは北野さんたちで、遠くにいた人々である。ではなぜそのようなギャップが生まれたのだろう。研究を交えながらみていこう。

二〇一一年に医学研究者である岡本玲子らによって行われた、東日本大震災で津波被害を受けた地域の職員たちへの調査がある（岡本ほか 二〇一六）。岡本らの調査では、該当地域に勤めていた職員たちに、震災半年後に印象に残っていることとして自発的に語られた遺体対応業務と業務に対する思いを聞いた結果、約三カ月に及ぶ遺体対応業務に関して語る職員は意外に少なく、語った職員の思いも悲観的、絶望的なものが多くみられた。とりわけ、直接的に遺体搬送の業務に関わった従事者では「思い出せない」「どうしようもない」と事象を回避する言葉が表出されていたのに対し、直接遺体に関わらず遺体安置所に配置された職員からは、「つらかった」「きつかった」「精神的にやられた」という自身の内面にある感情がストレートに表出された（同書 二〇一六）。

岡本らの研究の遺体搬送業務に関わった職員にあたる人は、本章における霜川さんと北野さんたちであり、遺体安置所に配置された（安置業務を行った）職員は霜川さんである。しかし、先述したように、両者の遺体との距離に反して匂いの記憶を多く語ったのは北野さんたちであった。遺体との物理的距離だけではこのギャップを探ることは難しい。そこで、霜川さんと北野さんが捉えている〝村野工高〟を、業務としてその時のみ出向いた村野工高なのか、あるいは毎日通勤している自分の居場所の一つとしての村野工高かという点で比較し、遺体との物理的距離だけではなく、遺体安置所となった村野工高という場所との心理的距離にも注目したい。

霜川さんにとっての村野工高は、業務を行うために赴いたいわば期間限定で派遣された職場であるといえる。ここに遺体安置を一時的な業務として受け止められた要因があると考えられる。一方で、北野さんたちにとっての村野工高は、通い慣れている場所、つまり日常そのものであり、居場所の一つともいえるだろう。そう考えると、震災が起こり、村野工高が遺体安置所となり、日常に非日常が流れ込んできた感覚が北野さんたちに見受けられるのは当然である。そして、ふとしたきっかけで月日が流れても日常のなかにふと思い出すことがある。この場合、村野工高との心理的距離が遠いのは霜川さん、近いのが北野さんたちということになる。二つの立場と対象の距離が遠かったり近かったりすることで、匂いとその記憶の鮮明さを生んでいるのではないだろうか。

　認知心理学者の山本晃輔は、従来の認知心理学に留まらず次のような指摘をしている。「匂い手がかりによる想起の独自性を抽出するために、他の感覚による影響をできるだけ排除してきたといえる。しかしながら、日常生活を鑑みれば、ある単一の感覚が独立して作用する事態の方が珍しく、その大半で複数の感覚が相互にかつ複雑に作用し、我々に知覚経験を与えている」（山本 二〇一五：四四三）。つまり実験的な一つの感覚のなかでの因果関係に留まらず複合的に記憶が絡んでいることを示唆しており、ひいては社会的な認知にまで及ぶような論点を提示している。そのなかでも山本は、匂いは感情喚起力と強く結びついていると考察している。

　このように感情と強く結びついていると されている匂いは、本来感情に大きく関係があり、記憶とも結びついているものである。震災当時は様々な異常事態に取り巻かれ、感情を殺して行動するしかなかったり、目の前の惨状に強い衝撃を覚えたり、感情も正常に働いていない場面がある。匂いと感情が深く関係することを踏まえ、もう一度本章での二者の言動について分析をしたい。遺体安置業務を行っていた霜川さんから匂いに関する具体的な証言が比較的少なかったのは、遺体との距離が近く感情を殺して作業を行う時間が多くあったためであるという可能性が高い。目の前の様子を受け止め一体一体悲しみながらゆっくりと作業する暇も余裕も与えられなかった霜川さんは、遺体数が減り作業が落ち着くまで感情を殺していた。そのため、印象的すぎる具体例を除き、匂いに関する記憶が北野さんたちに対して抽象的である。

　対して、北野さんたちは、学校という日常のなかに地震によるたくさんの非日常が流れ込んできた戸惑いや危機感、不快感など感情が動く瞬間が比較的多く、遺体そのものの距離は遠かった。そのため匂いに気がつき、それらが記憶に残りやすかったと考えられる。つまり、場所としての村野工高との心理的距離と遺体そのものとの物理的距離が、感情の出現を左右させ、またその置かれた環境と感情の有無が匂いの記憶を強くさせたり緩和させたりしているのである。

	遺体との物理的距離	村野工高との心理的距離	記憶の度合い
霜川さん（神戸市職員）	近い	遠い	弱
北野さん（学校職員）	遠い	近い	強

距離と記憶を表した図

おわりに

村野工高は二〇一三年から彩星工科高等学校と名前を変えた。彩星工科高等学校となり、震災から二八年経った現在も、毎年一月一七日に追悼の時間を設けている。前田教頭が全校放送で震災の記憶を喚起し、それを生徒たちが聞く。村野工高出身の葬儀屋からは毎年学校に花とメッセージが贈られる。震災が起こった年には「人は二度死ぬんです。一度目は本当に死んだ時、二度目は忘れられた時」といった内容のメッセージが添えられた。毎年変わるメッセージと花には、震災のことを忘れないようにとの思いが込められている。

幸福なことか残酷なことか、時間が経つにつれて震災の記憶は遠い記憶となっていく。記憶をこれからの世代につないでいく尊い営みは、震災当時に遺体安置所となっていた村野工高でも行われている。

北野さんは震災から二八年経った今も、毎年一月になると夜に眠りが浅くなって嫌な夢を見たり、必ず明け方に目を覚ましたりする。そして、それらは一月一七日を過ぎると自然と元に戻る。「自分は年いく度にどんどんしんどくなっていく。仕方がないよね、記憶は消えないし」（二〇二三年一月一一日）。記憶は薄れることはあっても完全に消してしまうことは非常に難しい。まして北野さんが震災で見たものや感じたことはただの記憶ではなく、それまでの人生とは全く異なった非日常そのものであり、想像もできないほどの衝撃的なものであった。町は復興したように見えるが、震災経験者は、北野さんを含めていまだ被災し続けている。匂いと場所の感情喚起が持続的に記憶として留まり続けることから生じてもいるのだろう。

匂いは再現が困難であり、震災というある種の異常事態で嗅いだ匂いと同じ匂いを改めて嗅ぐことはほぼ不可能であるといえるだろう。しかし、震災発生から二八年経った今、当時遺体安置所に関わっていた人たちは、その匂いや光景をおぼろげに、それでいてあたかも昨日のことのように鮮明に語る。「覚えている」と「忘れてしまった」という事実と、「思い出せない」と「忘れてしまいたい」という感情が混ざり合っているのは、遺体安置の業務や、当時その場に広がっていた風景の過酷さが表れているからである。本章では遺体安置所に関わった方々にフォーカスしたが、震災当時は全員に非日常が降りかかり、全員が混乱や絶望のなかで懸命に生きた。そのなかで嗅いだ匂いは様々な記憶と絡まり合って、月日が経った今も誰かに震災を思い出させているだろう。

神戸村野工業高等学校　様

一・一七

阪神淡路大震災から二十八年になりました
この悲惨な出来事から　本当に大切なことを学びました
共生することの大切さ　人と人とのつながり　人への思いやりや触れ合い
何より人の優しさや温もりを知ることができました
困ったときはお互い様　この言葉を継承していきたいと思っています
犠牲になられた方たちへお供えください

令和五年　一月十七日

株式会社公論社　社員一同

毎年1月17日に村野工業高校に株式会社公論社からお花と一緒に送られるお手紙
(2023年のもの)

参考文献

岡本玲子ほか、二〇一六、「東日本大震災による津波被災半年後に自治体職員が語った有事の業務と思い〜遺体対応に焦点をあてて〜」『日本公衆衛生看護学会誌』五（一）、四七―五六
神戸村野工業高等学校編、一九九八、『阪神・淡路大震災の記録』神戸村野工業高等学校
山本晃輔、二〇一五、「嗅覚と自伝的記憶に関する研究の展望――想起過程の再考を中心として」『心理学評論』五八（四）、四二三―四五〇

参考資料

「震災と人間」、一九九五、『週刊金曜日』第七五号

Ⅱ 味わう

2章　変わってしまった町に残り続ける町の味わい

山口栞奈・市田侑聖

はじめに

お宮さん（地域の神社）が私たち（住民）の身代わりになって（地震で）潰れてくれたんや。

（二〇二二年三月一五日　上村ふき子さん聞き取り調査より）

こう話してくれたのは、兵庫県尼崎市築地《つきじ》地区にある初嶋大神宮の宮司の奥さん、上村ふき子さん（現在七四歳）である。このセリフは、ふき子さんが水道から出る水を汲みに並んでいる時に近所の女性に突然言われた言葉である。

一九九五年の阪神・淡路大震災はたくさんの建物被害をだしたが、地域のある住民は人に助けられたのと同じ感覚で、神様に救われたと地域のシンボル的な存在である神社に感謝していた。普通は地域を守るべき物が倒壊すれば、神社なのにご利益がなかったと不満を漏らしてもいいようなものでもある。この地域には他所にはない、目で見てとらえることができないような住民の感覚があり、復興の過程でこの地域の独特の味わいとでも呼べるものがある。

たとえば、ある地域に根付く歴史深い伝統を住民たちで大切に残す姿勢や、住民同士が家族のように仲良く過ごす様子、昼間から酒で酔い潰れている住民、そしてそのなかに流れる空気感など、肌で感じられる町の味わいと呼べるものである。

築地地区は独自の歴史を作ってきた背景から、震災後の復興も町の味わいに基づいて発展してきたといえる。事実、液状化や倒壊が酷かったが、震災の翌日には住民たちが集い、震災発生から二カ月というわずかな期間で行政から提案された復興計画を地域のこだわりを持って拒否していた。本章では、抵抗するにあたっての住民の原動力となった力の源泉を「くらしのアナキズム」（松村 二〇二一）という概念をもとに町の味わいから考えていきたい。これらのことを踏まえて、私たちは築地の「住民性」に重きを置いて調査を進めた。

一　歴史について

漁師町と城下町である築地

兵庫県尼崎市築地地区は、江戸時代から続く尼崎城の城下町として長い歴史を持つ町である。城下町である築地には商人や職人たちがそこに住み、現在でもとび職などの多くの職人が築地に住む。また、港も近く漁師町としても栄えた。初嶋大神宮は一三〇〇年代、別所町南浜（現東本町四丁目）にあった初嶋恵比寿が、江戸時代の築地開発に伴い現在の場所に遷宮されて初嶋大神宮となった。そして現在まで形を変えずに残り、江戸時代から住民たちに愛され続ける築地のシンボル的な建造物である。

　住民たちは城下町としての面影を残そうと、町の姿を変えないことに尽力してきた。道路は

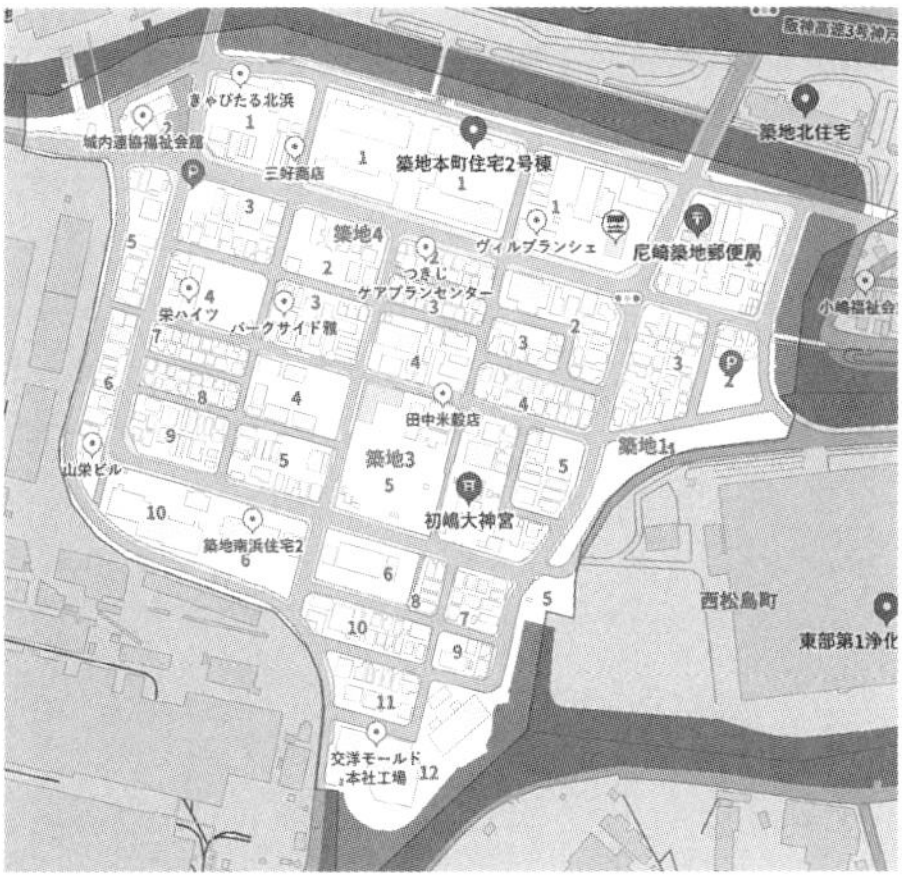

築地地区の地図
（2023年2月12日 Googleマップより引用）

狭く、住民たちの家は隙間なく立ち並んでいる。瓦屋根が主で、埋立地であるその町は地面もあまり整備されていない状態だった。それでも住民たちは築地に愛着を持ち続けていた。家が並び道路が狭いからこそ、外に出たら当たり前のように人がいる。そこから世間話が生まれ、人との交流も深くなる。震災前から築地に住む笹邉礼子さん（現在六六歳）は「昔はお隣さんの醤油がどこにあるのかも知ってたし、家出たら誰かおるから色んな人と喋ってたなあ」（二〇二二年五月二四日　笹邉礼子さん聞き取り調査より）とその風景を懐かしむ。肌感覚としての賑わいが町中に溢れ出ていた。

しかし、この築地の歴史を色濃く残す工夫が、阪神・淡路大震災の時には被害の拡大につながった。埋立地であった築地の地盤は緩く、築地全域で大規模な液状化が起きた。外から見るとあまり大きな被害を受けていないように見える家も、液状化に伴って地盤が下がり、玄関が開かなくなるという被害を受けた。さらに、ガス管や水道管が破裂し、ガスの臭いが町中に充満した。ガスが漏れた場所では火事の危険があるため、住民たちは煙草やマッチなどの火を使わないようにと、互いに声を掛け合い、二次被害を最小限に抑えた。また、道路が狭いため救急車が入りづらく、救助が遅れた。被害状況を見た行政は、築地は居住不可能という判断を下した。

居住不可能とされた築地は、その後どのような復興を遂げたのか。

二　歴史ある築地だからこそ選んだ独自の復興

行政が出した復興計画

尼崎市が築地に出した当初の復興計画は、居住不可能な状態である土地を一度更地にし、災害対策を施した全く新しい町を作る計画であった。

一つ目の政策に土壌改良が挙げられた。今までの古い家や建造物を取り壊して地盤を固め、基礎を地中深くまで埋め込み、新たに災害に強い建物を建てるという計画である。これは築地の城下町としての歴史そのものが失われてしまう計画だった。築地の住民たちは復興計画案を拒否し、住民たち自らで震災以前の築地を取り戻そうと本格的に動き始めた。本来は行政の制度によって、震災当日から二カ月以内に市が復興計画を出さなければならなかったが、築地地区は住民からの要請により、唯一その制度が撤廃された。

震災以前から初嶋大神宮の近くに住んでいた笹邉啓一さん（現在七五歳）は「ドア開けられへんねんな、家のほうに沈んでるから。ドア直すまでは窓から出入りするねん」（二〇一二年六月二八日　笹邉啓一さん聞き取り調査より）と当時の家の被害状況を話す。

また二つ目の政策として、交通整備が挙げられた。築地は、地区から出るために川を越える橋を渡らなければならず、長崎県の出島のような地形になっている。道路は車一台で道が塞がってしまうほどのとても狭いものだった。そのため、消防車や救急車が家の前まで入れず、救助が遅れたという問題が大きく取り上げられたのである。

復興計画では交通整備として道路を広くすることを検討した。しかし、家が密集していた築地では一軒家を持つ人たちに土地を分けてもらって道路を拡張する必要があった。

なぜここまで、築地という町が区画整理に対して時間とお金と労力をかけなければならないのか。それは、築地という町ができた歴史にある。元々築地は城に向かって海から入ってくる敵を止めるため、道路を狭くして直線の道路で四角に区切り、攻めてくるのが見やすいようにと設計された。しかし、今後の防災のことを考えると道路を拡張しなければ安全な町とはいえない。道路が拡張される分、家屋の戸数も減り、築地の居住人数も減る。実際に震災後、液状化で家に住むことができなくなった人々の一部は引っ越し、築地を出ていってしまった。

しかし、この二つの計画に対して、住民は反対意見を持つ人が多かった。それは、震災よりも昔に一度、市は失敗をしているからである。一九七五年に市が計画したのは、築地の埋立地という土地の危険性を考慮し、災害時被害拡大の予防と、住民たちを一定期間、築地から他所に移住させ、岩盤まで杭を打って丈夫な状態にした後、工場誘致目的として築地地区を利用しようというものだった。しかし、住民全員で町ごと同じ場所に移ったとしても、由緒ある城下町としての築地はなくなってしまうため意味がないと住民は反対を行ったのである。

過去の経験から、市からの計画を待っていてはここに住めなくなるという思いもあり、住民たちは市よりも早く動き出した。

築地の復興テーマ

震災により機能が停止してしまった行政が、築地の復興計画を出すのを待つのではなく、自分たちの築地を守るために、住民たちは自らの復興を実行し始めた。震災の翌日から住民たちは集まり、有志で「第一回築地災害対策本部会議」を開き、被害状況の確認と復興計画を考え始めた。この第一回のメンバーを中心に発足し、築地の住民のほとんど全員が参加した「築地地区復興委員会」の復興テーマは「明るく住みよい環境を保ち、災害に強い歴史文化的魅力のあるまちづくり」であった。

「城下町だった築地の景観を大切にしたい」「町の様子は変わっても人の温かさは変わらない、そんな町になってほしい」という住民一人ひとりの思いが込められている。城下町であった歴史を残すための努力であり、震災後の復興においても大切にしたいものへの願いが込められている。

実際に区画整理や整備が進んできた段階で、復興委員会に属する小規模な組織として「部会」が発足された。そのなかの一つに「町並み部会」があった。歩行者用道路をジグザグにするか、植栽はどのようなものにするのか、橋やその名称を何にするかなど、築地らしい町並みを作る建築のあり方を考え、できるだけ昔の城下町という部分を残したいという思いか

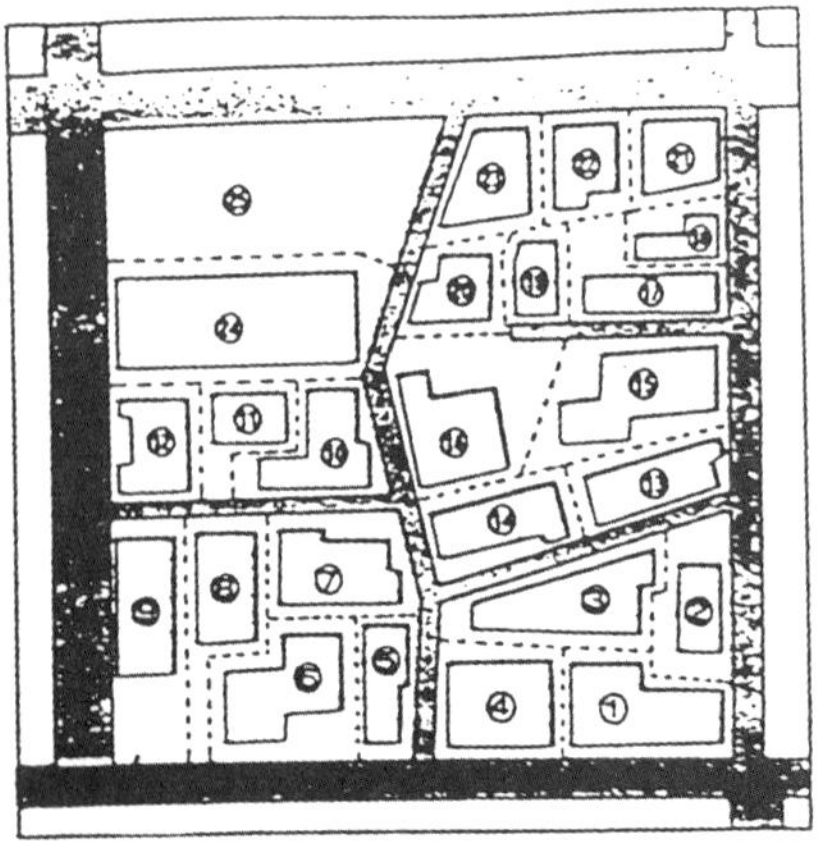

震災前の築地地区
（1995年6月13日開催 第1回ブロック会議資料より）

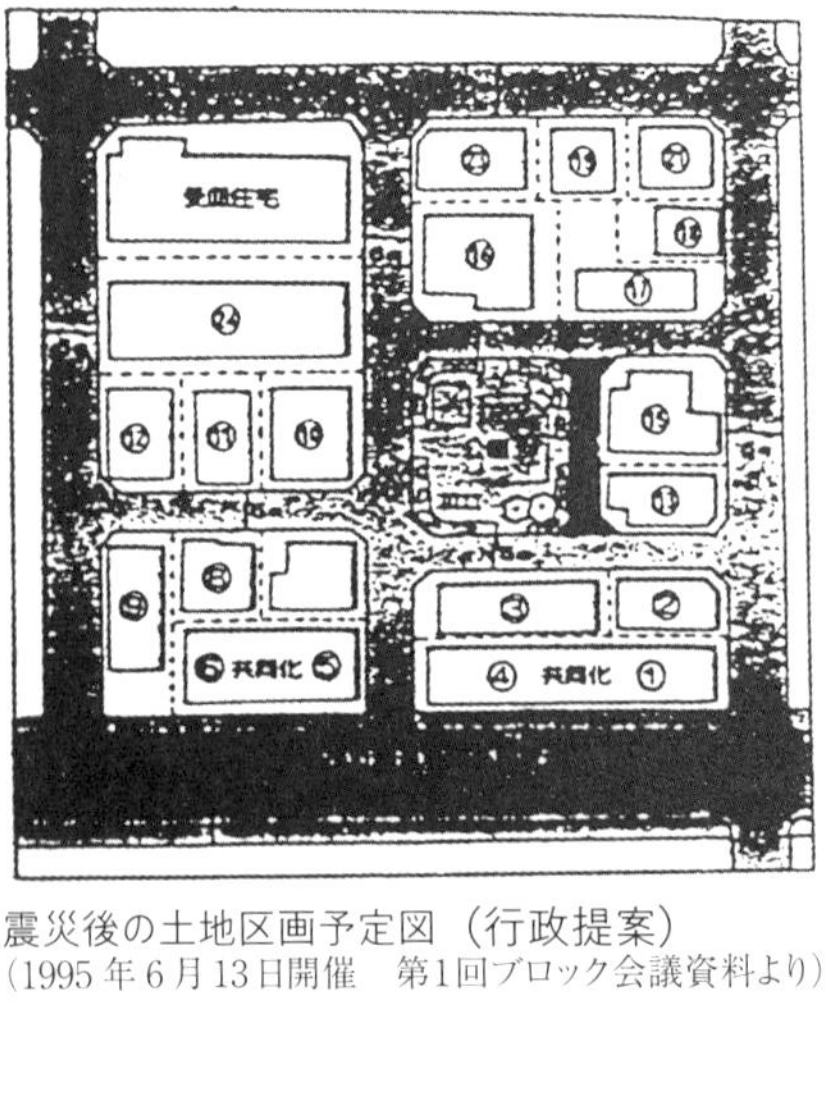

震災後の土地区画予定図（行政提案）
（1995年6月13日開催　第1回ブロック会議資料より）

ら、和の風情を残すような景観にしようと計画がなされた。この計画のなかで、建築物として今でも活発に利用されているものがある。それは、築地の保育園である。この保育園の屋根は瓦屋根で、今時の保育園では珍しい景観を成している。また、市営住宅を建設する時などには低層の部分には瓦を使用するなど景観にこだわって復興を進めてきた。

実際の復興の様子

瓦屋根を用いて建てられた築地保育所
（2023年3月17日撮影）

復興当時、家を建てるにあたって、あまりにも斬新なデザインは不可ということや屋根を作る際に瓦を使うようにして欲しいなどの約束を、行政と住民たちが話し合って決めたのだが、それは一時的なものに過ぎなかった。

築地の復興のテーマに対して、笹邉さんは次のように発言している。「災害に強いまではできてるわなあ。道路自体が拡幅されてるから環境も良くなってるし、町全体が明るくなってるし。そやけども、歴史文化的魅力のあるまちづくりってていうこの魅力っていうのがどこにもあれへんってな」（二〇二二年六月二八日　笹邉啓一さん聞き取り調査より）

震災直後は、城下町の風情が残るような形で建設を行ってくださいという要望はあったが、必ずしも実現はしていない。鉄筋コンクリート造の中高層共同住宅が建てられ、震災前の一戸建てと長屋建てといった接地型の住宅から積層型の共同住宅へと移行した。ここまで建て直してしまうと、いくら見た目を昔のようにしても本来の昔の状態には決してならないというわけである。震災直後の小さな町である築地にそこまでの予算はない。

しかし、家を早急に建てなければ住民たちは住むことができず、生きていけないのである。また、建築協定のように縛るということはしたくないという思いがあり、中途半端な状態で進んでしまったのである。さらには、震災前に市の指定文化財に登録された大きな家も今では持ち主の高齢化により売り払われてしまい、七軒の新しい家が建っているという現実がある。居住空間の変化が著しく進んでいた。

当時を記す「築地地区復興記録」からは人間関係が薄くなったということが明らかになった。笹邉礼子さんは「今、外に出ても人に会うことないし、ほんとに昔の風情は全くない。で、まあ借家に住んではった人も市営住宅とか高いところに住みはるから、ドアをピッと閉めたらそれこそ隣何してはんのんとかみたいなんが多いと思うわ。だから隣近所との関わりがもうないから寂しいねえ」（二〇二二年五月二四日　笹邉礼子さん聞き取り調査より）と顔を歪めて寂しそうに話した。これは震災後の復興が招いた「社会的孤立化」である。震災前のような近隣住民との交流の機会がなくなり、復興に伴い新しい町になったことで相互交流の関係が変化し、人の視線や気配、会話等のコミュニケーションが減少傾向にある。

住宅復興研究に取り組む塩崎賢明らが行った築地地区の孤立化に関する研究では、震災前からの知人との付き合いが少ない住民は、六割近くが震災前よりも交流が少なくなり、消滅しつつあるという結果が示された（塩崎ほか 二〇〇六）。日常的な接触の場も、路地や道路という外の空間から、住棟内や集会所という中の空間へと変化し、震災前から住む住民たちの孤独感は強くなる。震災後は新たな近隣関係を築くことが難しく、震災前から築地に住む人と震災後から築地に住む人とで、住民同士の互いの距離の感覚にギャップがあることは確かである。特に震災前から築地に住んでいる人たちは、今の築地に対して変わってしまった、寂しいと感じることが多いようだ。

震災後、町の姿は変わり、城下町としての歴史ある風情が薄れてしまった。そして新たな建物も建築され、人との関わりも希薄化したが、築地に住んでいない私たちだからこそ感じられる震災後も変わらないものがあった。それは、築地に住む人々の「人情」である。長い歴史を持つ築地という町が、震災後も残り続ける「人の温かさ」を生む。この変わらない住民性を築地が持つ肌感覚にある町の味わいとして捉え、明らかにしていく。

三　築地の味わい

日常から感じられるもの

震災前の築地は尼崎市のなかでも風評が悪く、「築地で犬を轢いたら憑かれるぞ！」という何の根拠もない噂なども立っていた。しかし、そのような築地を住民たちは愛していた。住民は口をそろえて「築地は人情溢れる温かい町やし、築地を出た人も何年後かにはみんな帰ってくる」と嬉しそうに話す。昼間から地べたでお酒を飲み酔っぱらう人、上半身裸の状態で銭湯に行く人、パンツ一丁で買い物に行く人、このような人々が当たり前のように受け入れられるような町であった。刺青をいれた人も当たり前のように歩いていた。今では考え難いこのような人たちを受け入れる姿勢こそが、築地で未だに残る住民性である。そしてこれは同時に、築地のなかに入って交流をしないと感じることのできない町の独自の雰囲気を表す特徴なのである。震災前、昔ながらの城下町の築地では、一歩外に出れば誰かがそこにいて、そのまま世間話が始まる。それが日常であった。

また、年に一度開催される「築地だんじり祭り」のだんじりは住民で構成される保存会によって管理されている。「築地地車保存委員会」の副会長の足立隆司さん（現在四七歳）は「（子供の頃は）毎週土曜日、午前の授業が終わると、そのまま近所のお好み焼き屋に走って行って、吉本新喜劇のテレビ見てたな。みんなそのお好み焼き屋に集まるねん」（二〇二二年一二月一一日　足立隆司さん聞き取り調査より）と発言した。そして、同保存委員会の顧問である浅野祐志さん（現在六一歳）は「築地に二つあったお風呂屋は情報の発信場になってたわ。いろんな噂がそっから出回ってた。『誰がどんな悪さをした』とかはすぐ回ってくるで」（二〇二二年一二月一一日　浅野祐志さん聞き取り調査より）という。この二人の発言から住民同士の関わりがどれほど密なのかが窺える。まるで全員が兄弟のように暮らしていた。しかし震災後、道路は広くなり、家は建て替えられ、家の屋根を走って渡ることができるような以前の姿はなくなってしまった。

　住民は、震災前よりも明らかに隣近所との関係は薄くなったと話すが、そのような状況下でも変わらない「築地独自の人情」がある。私たちの調査のプロセス自体がちょうど築地の人情に重なってくることが度々あった。私たちが初めて初嶋大神宮に調査に行った際、宮司の上村正利さん（現在七四歳）は震災経験者や、だんじり関係者を私たち

情報の発信場だった天然温泉戎湯
（2023年3月17日撮影）

の知らないところで集めて下さっていた。初対面の私たちを大勢で歓迎してくれたのだ。その後も調査を重ねていくと、私たちの連絡先をご自宅の固定電話に登録して下さっている笹邉さんは「家近いから連れてくるわ」と、同保存委員会会長の橋本廣樹さんを調査中に連れて来て下さった。調査のためだけに来る私たちにまるで家族のように接して下さり、私たち自身も、築地が持つ人情に触れることができた。私たちと同じように、震災後に築地に来た住民の方にも「どっから来たん?」という会話をもとに関係を構築し、築地に住む全員がまるで家族のように、そして兄弟のように暮らしている。それが、震災後も変わることなく残る住民性であり一つの味わいである。

初嶋大神宮が生み出すもの

震災時、水道が止まっていた築地地区は、液状化の影響で地面から水が溢れ続けていた。住民はそこに蛇口をつけた。そうすることによって必要な分だけの水を確保することができた。これは行政の人間が作業したというわけではなく、職人が多い町だからこそできた、住民の誰かが自らとった行動なのである。ここでも築地の住民は、行政に頼らず、住民の力で築地を復活させようとする動きがみられる。

上村ふき子さんがその水道で水を汲む列に並んだ時、近所の女性が「宮さん自身が一手に被害を受けて、私たちを守ってくれたんかな」という言葉を発した。普通は心が存在しない神社という建物に対して、擬似的な言葉を使わない。しかし、近所の女性が発した「守ってくれた」という言葉は神社を擬人化した言葉である。さらに、この女性と話して当事者ともいえるふき子さんはとても感動したと涙ぐんだ。このことからも、築地においての初嶋大神宮の存在の大きさが窺える。

震災によって本殿が倒壊した初嶋大神宮の復興を金銭面で大きく支援したのは、水引秀雄さんという人物である。「秀雄さんが、同級生から電話で宮さんが潰れたって聞いて、ある日突然、夏ぐらいやったと思うわ。電話がかかってきて宮司が言うには、水引さんっていう人が五千万円寄付するって言ってんねんって」（二〇二一年三月一五日　上村ふき子さん聞き取り調査より）。水引という聞いたことのない名前だったことから、ふき子さんは息子から詐欺だと言われ、怒られた。しかし、一週間後に本当に、宮司の口座に五千万円が振り込まれていた。

水引家とこの神宮のつながりは、昭和の戦争時代よりも前に水引さんがこの神宮の正面の長屋に住んでいたことにある。この築地で育ち、遊ぶ時も初嶋大神宮に集まって遊んでいた。そして、築地を出たのちに大成を成し遂げた人であり、彼は本殿が倒壊したという話を聞いて、御礼の意味も込めて五千万円の大金を寄付したのである。自分が育った築地という町を残し続けたいという水引さんの思いの表れである。ふき子さんは、大きな観光神社でもない小さな町の神社に対して、なぜこのような大金を親しくもない自分たちに送ってくれたのか疑問もあったが、水引さんに感謝の意を込めて直筆で手紙を書いた。当時の思いについてふき子さんは「私はもうお金ももちろん嬉しいけど、気持ちがな。勇気づけられてん。あーこんな人世のなかにいてんねんやんと思って。で、頑張って元気出して（築地の）復興していったらいいねんなって思って。それがすごい大きかったよ。で、その後一〇年くらいわたってずっと寄付してくれてん」（二〇二二年三月一五日　上村ふき子さん聞き取り調査より）と話す。この手紙が水引さんの心に響き、水引さん自身が亡くなった今でも、水引さんの娘さんとふき子さんは毎年、物や手紙を送り合うという関係を築いている。

お金という物理的な支援だけではなく、心の復興という意味でも関係性が築き上げられていった。これは、築地の住民の人情が垣間見られる瞬間でもある。人間の性格を司る幼少期を築地で過ごした水引さんの行動と、水引さんへの感謝の思いを手紙という形で伝えたふき子さんの人柄がみえた瞬間だった。

このように初嶋大神宮を残したいと住民たちが強く思うのには、自分たちが神社と共に育ち、自身の生活の一部に神社が溶け込んでいるという築地独自の特徴が起因する。この特徴が、神社に対してもまるで人間相手かのように接し、神社が私たちを守ってくれたと捉えるようになる住民の人情であり、築地の二つ目の味わいである。

初嶋大神宮をずっと残したいと住民たちが考える理由はもう一つある。それは、江戸時代から絶やすことなく続いている「築地だんじり祭り」である。このだんじり祭りは、築地の賑わいが最も強く現れる機会となる。

だんじり祭りが生み出すもの

初嶋大神宮は年に一回、だんじり祭りを主催している。九月の敬老の日に合わせて、前日から二日間において開催される。一日目は、地域ごとに保有する計八台のだんじりが築地の町を周るパレードが行われる。屋台も多く出店し、町全体が盛り上がる祭りである。そして二日目には、メイン行事となるだんじりの「山合わせ」が行われる。一つの公園に、数百人を超えるだんじり関係者と、八台のだんじり、そして住民を含めた三百人以上の観客が集まり、年に一度の大きな伝統行事となる。向き合う二台のだんじりが一斉に前進し、先に相手のだんじりよりも上をとったほうが勝ちというルールがあり、ボルテージが上がり、参加者同士の喧嘩につながることも少なくない。この築地だ

第１回尼崎市市民祭りにおけるだんじりの山合わせの様子（1972年10月10日撮影）

んじり祭りが、築地の初嶋大神宮とは別のもう一つのシンボルであり、住民たちはこの祭りを楽しみに日々の生活をしている。

この祭りも震災を経て大きく変わった。「一番変わったことは、神社の伝統行事から良くも悪くも町の一種のイベント的なものになったこと」（二〇二二年一二月一一日　橋本廣樹さん聞き取り調査より）。こう発言をする地車保存委員会の橋本廣樹さん（現在四七歳）は、物心がついた頃からだんじりと触れ合い、祭りに使う太鼓を幼い頃から叩いていた。

橋本さんにとってだんじり祭りとは「命」であり、なくてはならないものであると同時に、この祭りがなくなってしまうことは考えられないと捉えている。伝統の継承ということの重大さを感じていると共に、祭りの存在が当たり前になっている。伝統の継承のもと行われる初嶋大神宮のだんじり祭りが、住民にとって年に一度のイベントになったとはどういうことなのか。

震災当時、区画整理途中で、家も壊され、ほぼ更地になった築地でだんじり祭りは通常通り行われた。パレードは、築地地区だけでなく、築地住民が住む大物《だいもつ》地区の仮設住宅のほうまで約二キロもだんじりを運び、被災した住民を勇気づけた。「そもそもやらないという選択肢がなかった。毎年やっていることが当たり前だったから。その年にやったことの結果」（二〇二二年六月二一日　橋本廣樹さん聞き取り調査より）と橋本さんは当時を振り返る。特に住民の元気づけを意識して開催したのではなく、毎年開催しているからその年も開催することが普通であったからである。

しかし震災後、町の変化と共にその祭りも変化した。今まで住んでいた住民が築地を離れ、再開発後に築地に新たな住民が住み始めたことから、祭りの泥臭さが失われた。震災前は、土の地面に地べたで座り、酒を飲みながら祭りに参加する人もおり、祭り自体に泥臭さが溢れていた。しかし震災後、町が綺麗になったことにより、祭りの日になると、警察が道路を整備するようになり、テーブルやイスが用意され、参加者は「行儀よく」参加するという見栄えの良い祭りになった。祭りの形式が整えられたことにより、新たな住民にとっては受け入れやすく、その結果、伝統行事という認知よりも、イベントという認知のほうが広がってしまったのである。

橋本さんは、時代の変化に対応しつつも、震災前のような築地の泥臭さが溢れただんじり祭りを取り戻し、後には築地を越えて尼崎市中が盛り上がる、より大規模な祭りにしたいと考えている。築地の住民の人情によって残り続けるだんじり祭りで、尼崎全体の活性化を図り、全国に「尼崎の築地だんじり祭り」を広めたいというのが築地地車保存委員会の目標である。そのためにも、地域の運動会や清掃活動を保存委員会が主催し、今の築地の子供達が、自分が幼い頃と同じようにだんじりに触れる機会を作り、身近に感じてもらう工夫をしている。それだけでなく、新型コロナウイルス感染症が流行した二〇二〇年五月一五日には、保存委員会が兵庫県にマスク六千枚を寄贈した。だんじり祭りが築地住民を元気にし、その住民たちが泥臭いながらも築地らしく自分たちの力で他の多くの人々を元気にすることに尽力している。この人情は、だんじり祭りが江戸時代から神社と共に残され続けたことで生まれた築地の特徴である。

保存委員会にとってだけでなく、築地の住民全員にとって「築地だんじり祭り」はあって当たり前のものであり、築地を表す伝統行事である。だんじり祭りはイベントのようなものに変化しつつあるなか、住民たちにとっての祭りへの思いは変わらず、だんじり祭りがあることで築地の住民たちは、より築地に愛着を持ち、祭りをきっかけに人間味溢れる築地らしさを住民たちは取り戻す。だんじり祭りが住民たちをつなげ、人の温かさに包まれた築地を作り上げる。

四　くらしのアナキズムとしての築地

ここまでみてきた内容を考えると、みえてくるものがある。文化人類学者の松村圭一郎は「不測の事態を打開する鍵は、大きな組織ではなく、小さなつながりにある」（松村 二〇二一：

五三）と述べ、それを「くらしのアナキズム」という概念で捉えている。これはまさに、当時の築地の住民が住民同士という小さなつながりで、行政の手助けの前に震災被害を乗り越えようとしていたものと考えることができる。くらしのアナキズムを通して、力は自分たちのなかにあるということであり、大きな組織でなく小さなつながりは、築地の住民たち同士という小さなコミュニティに置き換えることができる。

アナキズムの思想が自然と形成されているエチオピアで調査を続ける松村は「エチオピアで、人びとが臨機応変に他人に関与している姿を目にすると、考えさせられる。自分が出来る範囲で、その場でやれることをする」（松村 二〇二一：一九一）と述べる。これは溢れ出す水に住民自ら蛇口をつけるという行動にもいえることである。行政のような大きな組織に頼らなくとも、住民たちが自分でできることを見つけて実行し、築地を自ら復活させようとする独自のアナキズム的な動きがみられる。築地という町は、江戸時代からの城下町としての歴史と文化を重んじることで、時間をかけて自然と住民たちにアナキズムの思想を形成させた。そのアナキズムの思想が、市からの要請を撤回し、住民自らが主体となった復興計画が震災の次の日から動き始めたという独自の行動力につながり、築地住民の自分たちでどうにかして自分たちで前進していく力強さを窺わせる。

おわりに

阪神・淡路大震災で崩壊した築地地区に残り続け変わらないもの、それは住民たちの町への思いと、住民同士の家族のような交流である。交流の機会自体は、震災前と比べると少なくなってしまったが、交流の仕方には築地らしさが残る。これらは、肌で感じる築地独自の町の味わいである。これを支えるものは何か。「お宮さんが私たちの身代わりになって潰れてくれたんや」という発言には、歴史ある初嶋大神宮が住民たちの生活に寄り添い、深くつながりを持っていた保護膜としての役割がよく表されている。すなわち、築地におけるくらしのアナキズムに基づくものとは、国や行政に頼らず自分たちの考えで市からの計画に対案を出すような抵抗と、コミュニティとしてのまとまりから発せられるものである。

震災発生から二八年、初嶋大神宮を取り巻く築地周辺は、大きなマンション、一軒家、そして綺麗に舗装された広い道路が建設され、時代に合った現代的な町へと変わった。震災後、城下町であった面影は、所々に使われている瓦屋根から感じられるほどで、その町には新たな人も住み始め、町の様子は震災前と大きく変化した。住民たちの意思を尊重した独自の復興で町を残そうと取り組んだが、町の様子は変化した。

しかし、築地の復興の背景には、住民が築地を残すための多くの取り組みがあった。震災翌日から住民たちの意思で発足した「築地地区復興委員会」が、行政からの復興措置案に対して延期を要請し、住民の築地地区への思いを最優先した独自の復興計画を作り上げた。復興についての会議だけでなく、住民主導の勉強会を何度も開き、一人でも多くの住民が復興について考えられるように取り組んだ。

くらしのアナキズムを超えるものとして、抵抗を示すものだけでなく、くらしの発展性も同時に町の味わいには含まれている。初嶋大神宮とともに長い歴史を持つだんじり祭りは、築地住民にとって開催されることが日常であり、震災当時も更地の築地のなかで開催した。いつもどおり開催されただんじり祭りが、築地に活気を取り戻させ、人間味に溢れ、人情に包まれた築地を再建した。築地独自の復興につながった、住民たちのくらし、初嶋大神宮、だんじり祭り、これら全てが築地には欠かせないものであり、感化された味わいのある町として残っていくのだろう。

参考文献

「尼崎市の築地だんじり保存会が県にマスク六千枚を寄贈　日夜奮闘する医療機関や介護施設関係者を支援」、兵庫県議会公明党議員団、二〇二〇年五月一五日（https://www.hyogo-komei.net/topics/2020/05/000767.html　二〇二三年四月二四日取得）
「旧城下町を区画整理」、読売新聞、一九九五年三月九日
佐藤隆雄ほか、二〇〇三、「尼崎市築地地区における復興まちづくりの合意形成過程」『地域安全学会梗概集』一三：六九―七二
塩崎賢明・田中正人・堀田祐三子、二〇〇六、「被災市街地における住宅・市街地特性の変化と居住者の「孤立化」に関する研究――尼崎市築地地区の市街地復興事業を通して」『日本建築学会計画系論文集』七一：一一九―一二六
築地だんじり物語製作委員会、二〇一六、『築地だんじり物語』
築地地区復興委員会、二〇〇二、「築地らしいまち並みづくり」尼崎市ホームページ（https://www.city.amagasaki.hyogo.jp　二〇二二年一〇月一五日取得）
築地地区復興委員会まちの記録作成部会、二〇〇七、『築地地区復興記録誌』築地地区復興委員会
長谷川万由美、二〇二一、『はじめての地域防災マネジメント』北樹出版
松村圭一郎、二〇二一、『くらしのアナキズム』ミシマ社

Ⅲ 触れる

3章　震災前の日常を夢で触れ、震災後人の温もりに触れる

谷口峻平・澤田京吾

はじめに

僕が公園でボールを転がすと、一歳半の弟の翔人《しょうと》が蹴り返してきて、それを母の則子《のりこ》と二人で見守って、『将来が楽しみやね』っていう会話をしている夢をよく見ていた。

（二〇一二年九月一〇日　長谷川元気さん聞き取り調査より）

今は亡くなって姿を現わさない故人に夢のなかでのみ触れることができた。一般的に「夢」とは儚《はかな》いもので、普通はほとんどの人が見た夢の詳細をすぐに忘れ、数日後にはもう思い出すこともできない。見たことすらもあやふやになるかもしれない。しかし、時に「夢」はしっ

かりと輪郭を帯びて、自らの奥底に眠っている感情に直接触れて訴えかけてくることがある。阪神・淡路大震災で被災した長谷川元気さん（当時八歳）は震災前の情景を夢として何度も見て、亡き故人に触れてきた。

被災者にとって、震災前の幸せな日常や、故人の生前の姿が映る夢はどのような感情をもたらすのか。辛い現実を突きつける残酷なものだろうか。それとも断ち切られた現実をつなげてくれる希望の光なのだろうか。夢は被災者やご遺族にどのような影響を与えたのか。私たちにとって夢を見ることは取るに足らない当たり前の日常に存在していることではあるが、だからこそ夢が非日常になることに注目し、その関わりについて考えていきたい。

本章では震災で母親と弟を亡くした長谷川さんに当時の経験を伺い、被災者にとっての「夢」がどのような意味を持っていたか、夢に触れた長谷川さんがどのように心の回復を果たしたのかについて論じていく。

一　夢に触れる

非日常下で触れ始めた「日常」

当時小学校二年生だった長男の長谷川元気さん（現在三六歳）は、母、父、次男、三男の五人家族で、神戸市東灘区にあった木造二階建てアパートの一階に暮らしていた。地震が発生した早朝の五時四六分の直前、長谷川さんはトイレに行きたくなって目を覚ました。用を足し終わり、再び眠りにつくために布団に入ったわずか一、二分後、下から突き上げるような激しい衝撃によって崩れてきた土壁や天井で、長谷川さんは生き埋めにされた。真っ暗な瓦礫のなかでパニックに陥りながらも、幸いにも開いていた小さな穴から漏れる光を頼りにして、その穴を拳でパンチするように小突くと、そこが崩れ落ちて彼は瓦礫の下からなんとか這い上がることができた。

彼の真横で寝ていた父親もなんとか瓦礫の上に這い出ることができたものの、次男は倒れてきた家の柱に足を挟まれて抜け出すことができなかった。父親が次男の手を引っ張る形で柱の下から助け出し、足元の位置で寝ていたはずの母親と三男の名前を呼んで安否を確認したが、一向に彼女らからの返事はなかった。二人が寝ていたはずの位置には、壁際においてあった洋服ダンスが二人に覆いかぶさるように倒れていた。木造二階建てのアパートは跡形もなく全壊し、長谷川さんが母の則子さん（当時三四歳）と三男の翔人君（当時一歳）の訃報を聞いたのは、その日のお昼頃、避難先の近所にある公園だった。

夢で故人に触れ始めた

震災当日の夜、長谷川さん一家は近所の損壊を免れた友人の家で一晩過ごし、その後は父親が経営する学習塾の一室で二カ月間を過ごすことになった。長谷川さんが夢で震災前の日常にいる亡き家族に触れ始めたのはこのあたりからであった。母親と弟を亡くして悲しみに暮れる日々を過ごすなかで、自然と涙が出てしまうことも多くなっていった。

そのような辛い現実から目を背けようとする反動からか、母と弟の生前の姿を夢で見ることが多くなっていった。家族全員で食卓を囲んで夕飯を食べている場面や母が洗濯物を畳んでいる場面、公園でサッカーをしているような、震災前の当たり前だった日常の夢のなかでよく故人に触れていた。夢のなかの「日常」はとにかく幸せで、「夢のほうが現実で、本当は震災なんてなかったんだ」と嬉しくなっては、夢から醒め目を開けると避難所の代わりに学習塾の無機質な天井を見て、幸せな夢と辛い現実のギャップに苦しんだ。こうした、震災前の日常のなかで家族に触れる夢は、長谷川さんが中学校に入学するまでのあいだ続いた。

二　故人と遺族を「結ぶ」夢、「切る」夢

長谷川さんのケースのように大切な家族が夢のなかで登場することについて、臨床心理学

者の山本力・岡田碧は大切な誰かと死別した後、喪のプロセスにおいて、故人が登場する夢のことを「悲嘆夢」と呼んでいる（山本・岡田 二〇一三）。彼らはこの悲嘆夢を、出現率の高い順番に「喪失との直面」「別れのやり直し」「絆の結び直し」「共生の継続」の四つのカテゴリーに分け説明している。まずはそれぞれの夢について、山本らにしたがって簡単に説明していきたい。

「喪失との直面」とは、夢のなかでも死別が知覚され、死や喪失の事実と向き合うことを余儀なくされ、死の確認・死の予感・彼岸への誘い・隔たり・追い求めるものが夢の内容になっている。「別れのやり直し」とは、未完了の別れを夢のなかでやり直し、別れを受け入れようと試みることである。生前に未完了のままになっていた「さよなら」という別れの儀式を夢のなかで行っていると解釈される。これら二つの共通点は、死別の事実認識や別れ直しに重心があるため、山本らは「切る機能」を有していると判断している。

一方で、「絆の結び直し」は、愛する故人に再会し、絆の確認をする夢で、死んでいない・身体接触・再会・帰宅・復活などが特徴的な夢である。最後に「共生の継続」は、過去も未来も変わらずに故人と一緒にいることが夢のなかで見られ、日常の交流・メッセージを含む内容となっている。「喪失の直面」「別れのやり直し」の「切る機能」とは対照的に、後者の二つには、故人と遺族を「結ぶ機能」を有しているという共通点がある（同書）。

生前の家族と過ごした何気ない日常や、他愛もない会話を夢に見ている今回の長谷川さんのケースは、「共生の継続」の顕著な例であるといえるだろう。しかしながら、いま現在家族の生前の夢を全く見なくなったと語っているように、長谷川さんの夢には家族との過去と決別する「切る機能」も作用していたように感じる。

山本らは、災害や事故などの予期しない死別に遭遇すると、離別の不安が襲い、「結ぶ」機能が活性化され、強い「再結合」の欲求として自覚され気持ちが穏やかになり、諦めと受容が促進されるという貴重な指摘を行っている（同書）。すると、夢のなかも故人との「距離」が生まれ、結果として「切る」機能が自然な形で働くという。そして「『切れそうだから、強く結び直そうとし、結び直すことにより、切ることが可能となる』というパラドックスこそ、喪のプロセスでの絆の行方をもっともよく説明しうる」（同書：八）という指摘は長谷川さんの夢と現実を言い当てているように思われる。

ここで大きな疑問に出くわす。この分析は、死別体験と夢が影響しあって、夢のなかや覚醒時の激しい情動が少しずつ和らいでいくという説明である。つまり、あまり外部要件を入れずに、いわば夢を主体にしながら「切る」と「結ぶ」機能がそれぞれ繰り返されることで落ち着くと理解されているのである。しかし、私たちが調査を進めてみると、単に夢自体のなかで完結するようなものではなく、むしろ次節で示すように、夢以外の現実世界での変化も大きく作用していることがみえてきたのである。それを次にみていこう。

三　人に触れる

教師の夢

中学校に入学する頃から、長谷川さんは小学校の教師を志し、目標に向かって勉強に励んでいた。家族との夢を見る頻度が減ったのも、将来に向かって前を向き始めたこの頃からであった。長谷川さんが小学校の教員を志したきっかけとなったのは、彼が小学校二年生の時の担任の先生への憧れであった。小学校二年生にして未曾有の大震災を経験し、母と弟を亡くした体験は、あまりにも絶望が大きく、当時の長谷川さんは心の拠り所を失った寂しさや悲しさから、失意のどん底にいた。小学校ではできる限り気丈に振舞うことを心掛けていたが、授業参観や運動会などの、保護者が参加するような学校行事の際には、「自分は母と弟を亡くしたんだな」と改めて実感させられた。寂しさが限界に達して涙が溢れ出そうになると、長谷川さんは決まって校庭の隅の人目につかない場所にうずくまっては静かに涙を流していた。孤独であった。

しかし、そんな長谷川さんに気づいて、話を聞いて励ましてくれたのが当時の担任の先生であった。「元気くんならきっと頑張れるよ。だから前を向いて生きなさい」。このように先生が掛けてくれた優しい言葉は、彼の感情に直接触れ、現在でも長谷川さんの心に残り続けている。先生の温かさに触れ、自身の人生の指針となる言葉をくれた先生に憧れ、長谷川さんは当時の担任の先生のような小学校の教員を目指して勉強に励んだのである。夜見るほうの夢ではなく、希望としての夢を人の温かさによって触れることで人生の指針を与えられたのである。この頃から、生前の家族の夢を見ることが少なくなっていった。

（希望の）夢を人へつなぐ

夢を叶えた長谷川さんは、小学校の教師になってからというもの、日頃から教え子たちに自身の被災経験を交えて、命の尊さ、夢を持つことの大切さについて伝えていた。また長谷川さんが当時勤務していた小学校は、毎年一月一七日に「震災集会」を行っており、全校生徒を体育館に集めて阪神・淡路大震災の凄惨さについて話す機会を設けていた。阪神・淡路大震災から一八年が経過した二〇一三年に行われた「震災集会」は、長谷川さんが全校生徒の前で自身の経験を語ることになり、この内容は新聞で報道されることとなった。

すると、この記事に目をとめた「語り部 KOBE 1995」の当時の代表の田村勝太郎さんから語り部の誘いがあった。ちょうどその頃、年月の経過に伴って、阪神・淡路大震災が風化してしまうことを危惧していた長谷川さんは、教え子以外にも、より多くの人に自身の体験を伝え、地震の恐ろしさ、備えることの大切さについて語りたいという想いが芽生え始めていた。そんなタイミングと重なったこともあって、長谷川さんはこの誘いを快諾し、平日は小学校の教師として、休日は「語り部 KOBE 1995」の一員として自身の被災経験を語る機会を増やした。

子供たちに自身の経験を語る長谷川さん（本人提供）

「語り部 KOBE 1995」では、平日は小学校の教師として働いているので基本、土日の休日に活動することが多い。活動は、地域の自治会が行っている「防災会」の会議に参加したり、読売新聞の本社で話したり、テニスクラブの防災研修で依頼されたり、小学校・中学校から依頼がある場合は五時間目だけ出張する形でお話ししたり、多岐に渡る。実際、現場で長谷川さんは大きく分けて、阪神・淡路大震災と東日本大震災の二本立てで話をされている。

一本目は、自身の震災での経験で当時の状況、震災後の暮らし、当時触れた夢の話である。夢の話をする理由として、長谷川さんは次のように話している。

もっと母のことを優しく労わったり、お手伝いをするとかして、もっと笑顔を見たかったなということ、翔人《しょうと》にはもっと遊んであげて、翔人のことをもっと楽しませてあげたらなとか、で、その時に初めて気づいたことは、自分の大切な人はいて当たり前ではないなと、ある日突然失ってしまうことがあることを知ったので、だから、今周りにいる人に、しっかり伝えたいことは伝えるとか、感謝の気持ちがあるのならば、ありがとうと言うことがあったらそれをしっかり伝えて、もしいなくなった時に後悔をしないように日頃から接していくことが大切だなと感じた。

（二〇二二年二月四日　長谷川元気さん聞き取り調査より）

長谷川さんは、母と弟を亡くした悲しみを見せることはなかった。夢という無意識のなかで母と弟が出てくることは、自分のなかに深く悲しみや会いたい気持ちが残っていたり、身近な人を亡くして後悔したからであると考えた。そこで、夢の話を通して、「自分のように後悔してほしくないので、今周りにいる人を大切にしてほしい」と伝えている。

二本目は、被災地におけるボランティア活動の話である。実際、長谷川さんは東日本大震災の被災地を訪ねて以来、絵灯篭に貼る絵を小学校の子供たちに描いてもらって、それを被災地に送るという活動を行っている。

どの現場でも基本はこの二本立てで話をする。相手が小学生の場合であれば、自身の経験を交えて、家具の固定をしっかりしていれば自分の母と弟は助かっていたかもしれないと基本的な防災の話をしたり、絵灯篭の話をして実際に子供たちに描いてもらうなど子供向けの話をする。会社や団体であれば、内容は少し異なる。南海トラフ地震がきた時、神戸であれば津波が来るのに一時間はかかると予測されている。そのため、急がず、焦らず、落ち着いて情報を得ながら行動するように喚起したり、避難時には絶対にラジオを携帯するように伝えるなど、実際津波が襲ってきた時にどのような行動をとればいいのか、大人向けの防災の知識の話をするようにしている。このように、「語り部 KOBE 1995」の代表となった長谷川さんは自身の震災の経験を教訓として、後世に語り継いでいる。

震災から学んだ教訓

長谷川さんにとって、大切な家族を亡くした二八年前の大震災は、確かに辛く悲しい経験で、長谷川さんから多くのものを奪い取った。しかし、同時に「夢を持つ大切さ」を学ぶことができたと彼は語っている。被災して心に傷を負った時、優しく寄り添ってくれた当時の担任の先生に憧れ、自らも小学校の教員を志したように、人との出会いを大切にするということは、自分の夢や目標につながってくる、と語ってくれた。現在精力的に活動に取り組んでいる「語り部KOBE 1995」との出会いも、阪神・淡路大震災が長谷川さんにもたらした「つながり」の一つだといえるだろう。

また、阪神・淡路大震災は「いま自分の周りにいる人たちの大切さ」を、より強く感じるきっかけになったという。二八年前に母と弟を亡くした長谷川さんを真っ先に襲ったのは、強い後悔だった。「もっと母の手伝いをすればよかった」「もっと母の笑顔をよく見ておけばよかった」「もっと弟と遊んであげればよかった」。

この時長谷川さんは、自分の大切な人はいて当たり前ではなく、突然失ってしまうことがあるという事実に初めて気づいた。それ以来、自分の周りにいる人には、事あるごとに感謝の気持ちを伝えるようにしている。阪神・淡路大震災で母と弟を亡くした経験は、「日常」は「非日常」と常に隣り合わせであるということを教えてくれた。

おわりに

幼くして最愛の家族を一度に二人亡くした長谷川さんにとって、阪神・淡路大震災は間違いなくトラウマティックな出来事であったといえる。現実の世界においても度々生前の家族のことを思い出しては涙を流す日も多く、精神的に大きなストレスを抱えるような混沌とした日々を過ごしていた長谷川さんにとって、夢で触れる家族との日常は、ある種の精神安定剤になっていたのではないだろうか。事実、長谷川さん自身、家族を夢で触れていたことについては、「母と弟を夢で触れていた時期は、辛い現実をより色濃く映してしまい、現実とのギャップに苦しみました。しかし今になって思い返してみると、辛いことばかりの現実に希望を与えてくれていたように思います」（二〇二二年一二月四日聞き取り調査より）と語っている。

感情と強く結びついているとされている夢は、当時夢を見ていた長谷川さんにとって、亡くした家族の生前の姿を夢で触れることで、生前の家族と過ごした何気ない日常や、他愛もない会話が「共生の継続」となって、結び直すことで、切ることが可能となったようにみえる。それは一見すると社会学者の金菱清らが指摘するような夢によって孤独な人が支えられる「孤立夢援」（金菱編 二〇二二）のようにもみえる。ただし、夢で故人に触れることとは別に人生の転機となるキーパーソンに触れることで、故人を夢で見なくなったという変化につながったということができる。このように、二重写しで夢をみてみると夢の投影ないし見なくなる変化は夢自体に起こっているのではなく、現実には社会との結びつきに反映されて起こっているということが、調査からみえてきたのである。

参考文献

金菱清（ゼミナール）・東北学院大学震災の記録プロジェクト編、二〇二一、『私の夢まで会いに来てくれた――3・11亡き人とのそれから』朝日文庫
菊池義人、二〇二一、「カタルシスの観点から見た『千と千尋の神隠し』についての一考察」『鳥取臨床心理研究』一四：一二一―一二九
齋藤範、二〇二一、「睡眠および夢見における知覚と記憶――ベルクソンの講演『夢』を手がかりに」『法政大学多摩論集』三七：八五―一〇三
坂井祐円、二〇一九、「死者の夢についての考察」『仁愛大学研究紀要』一八：一一―一九
高森淳一、二〇一八、「悲嘆夢からみた喪の作業――現代の夢理論から」『天理大学学報』六〇（一）：一九―七八
立木康介、二〇二二、「トラウマ記憶とトラウマ経験のあいだ――精神分析的外傷論のアップデートの試み」『人文學報』一一九：三一―四七
山本力・岡田碧、二〇一三、「死別に伴う『悲嘆夢』の内容と機能――切る機能と結ぶ機能の振り子過程」『岡山大学大学院教育学研究科研究集録』一五三：一―九
吉岡佑衣、二〇二三、「夢の感情に関する調査研究の概観」『京都大学大学院教育学研究科紀要』、六九：一―一四
吉岡佑衣、二〇二三、「分析心理学による夢の感情についての理論的検討」『京都大学大学院教育学研究科附属臨床教育実践研究センター紀要』二六：三九―四九

参考資料

神戸新聞NEXT、二〇二二、「つなぐ震災語り部のバトン『年齢関係なし』『それぞれの言葉で』神戸から体験を伝え続けて」（https://www.kobe-np.co.jp/news/sougou/202201/0014992176.shtml　二〇二三年六月一八日取得）

Ⅳ 見えない

4章　被災前から始まっていた視覚障がい者の災害対応力

坂野　舞・吉川友貴

はじめに

とにかく音がすごかった。屋根瓦の落ちる音、ガラスの割れる音も聞こえていた。激しく揺れるなか、私の命は終わったと思った。地面の下からも、ごうごうと音がしていた。

（今泉さんの日記　一九九五年四月仮設住宅入居時より）

こう語ってくれたのは、神戸市垂水区在住の今泉勝次さん（現在七二歳、四四歳の被災時を含め三四歳頃から全盲）で、震災当時も垂水区に住んでいて全盲であった。彼は、一九九二年から毎日日記をつけており、〝突然やってきたその日〟という小見出しで震災当時を記録として残している。

たとえば「平成七年（一九九五年）一月一七日午前五時四六分にあの大きな阪神・淡路大震災が起こった。前年の一〇月に家内が拾ってきた猫に私は五時半に起こされた。あまりに激しく鳴くので暫く抱いて座っていた時に、急に雷のような音がしたので窓を開けてみたが雨が降ってもいない。おかしいなあと窓を閉めたとたん小さく揺れだしたが、すぐに大きな縦揺れに変わった。朝日放送ラジオを点けていたので電気が切れたのがすぐにわかった。とにかく音がすごかった。屋根瓦の落ちる音、ガラスの割れる音も聞こえていた。激しく揺れるなか、これで私の命は終わったと思った」（今泉さんの日記　一九九五年四月仮設住宅入居時より）と、地震直後のことをこう綴る。他にも、避難所での生活や仮設住宅から復興住宅へ移るまでの出来事など、二八年経った今でも日記に残し、そして語っていくことで鮮明に記憶している。

震災の苦労は被災者なら誰もが経験するが、社会的弱者はより不利な状況に置かれるだろう。しかし、より不利に分類される視覚障がい者の苦労は取り上げられることが少なく、震災をどのように乗り越えたのかはあまり知られることがない。

情報の七割が視覚からといわれているなかで、目の視えない視覚障がい者は震災の状況をどのように把握して、復興に向かっていったのだろうか。晴眼者が感じた〝復興〟と、同じ見方で復興を感じたのだろうか。そもそも視えない復興とは何なのだろうか。本章では、数人の視覚障がい者に聞き取りを行い、視覚障がい者の震災観を明らかにしていく。

一　震災時の視覚障がい者

震災が起こった時に、視覚障がい者はどのように震災を視て理解したのか。実際に被災した経験があり、現在、神戸アイライト協会の会長を務める新皁義弘《におかよしひろ》さん（現在六五歳、三七歳の被災時を含め三〇歳ごろから全盲）、当時から神戸市立盲学校で教員をされていた長尾隆一郎さん（現在五四歳、二六歳の被災当時は左目だけ明暗がわかる状態）、今泉勝次さんの証言をもとに考えていく。

まず初めに新皁義弘さんの被災経験について紹介していく。

地震発生時、神戸市灘区の盲老人ホームで宿直勤務をしており、今でも当時のことを鮮明に記憶している。仕事は午前六時から開始だったが、その日は五時から起きて、利用者の世話をしていた。その時、地震が起こった。

「『ドーン！』言うてね、爆弾が落ちてきたみたいやった」

近くにあった大きな冷蔵庫が跳ねて倒れてきたり、防火扉が閉まったことに気づかずぶつかって怪我をしたり、スプリンクラーが誤作動していたり、新皁さん自身も命の危機を身近で感じた。また、キュービクルと呼ばれる非常電源が入ったことで、被害状況をテレビやラジオから把握し、とんでもないことが起きていると実感した。安否がわからなくなった職員のハイツを見に行った時も、建物自体は建っているが、基礎がぐちゃぐちゃになっていることを周りの人から聞かされた。

それぞれの出来事のなかで、彼は聴覚や触覚で起きていることを感じ取っていたはずだが、まるで実際に見たことのように話していた。

次に紹介するのは、長尾隆一郎さんの被災経験である。地震発生当時は大阪の自宅におり、聞き取りをした三人のなかでは揺れの印象も強くなかったことを感じた。

ベッドで寝ていた長尾さんは、大きい揺れに驚いて目が覚めた。揺れるまでに地震特有の地響きや地鳴りの音は聞こえていたかもしれないが、いきなり揺れたことへの驚きが強すぎてあまり記憶にない。当時、彼は家族と住んでおり隣の部屋で祖母が寝ていた。その祖母が「えらいこっちゃ」と言っていたことはよく覚えている。音に関しては、家中ガタガタ揺れている音がしたということ、いつもは大阪ローカルに変わるはずの全国放送のラジオ番組がその時刻になっても変わらなかったことが印象に残っている。

地震が収まるとベッド周りの安全確認はあまりせずに起きた。今考えてみると、なんで周りの確認をもっとしなかったのか、せめて同居の家族にでも頼んだらよかったのにと不思議に思う。当時の長尾さんは、左目が明暗のわかる状態だったこともあり、電気がついているかどうかなどは視覚を通してわかった。被害状況としては、彼のベッドの横の机にあったノートパソコンが落ちて液晶が割れていただけだった。家のなかでは、ガラスケースが落ちていたり、棚が倒れたりしていて、被害の確認は同居の家族と手で触って確認した。また彼は一五歳まで視力があり、それまでいろんな画像や景色を見ることができた。そのため高速道路が倒れていることや、どこが火事になっているかということは、頭のなかで想像できた。かつて見た写真のなかに、関東大震災（一九二三年）の被災状況を撮ったものがあり、その写真を現実の世界に当てはめて想像した時に、あの写真のことが本当に起こってしまったのだとショックを受けた。

最後に紹介するのは今泉勝次さんの被災経験だ。神戸市垂水区に住んでいた今泉勝次さんは、地震の一五分前から異変を感じていた。それはいつも一緒に寝ていた飼い猫のチコが早くから起き、押入れの襖をガタガタ引っ掻いて今泉さんを起こしに来ていたからだ。何度か落ち着かせようと試みたもののダメだった。このことは、震災から二八年が経った今でもはっきりと覚えている。今泉さんだけではなく晴眼者でも震災前に異変を感じていた人は多くいるが、ほとんどの人が「確かにおかしかった」程度しか覚えていない。しかし、今泉さんがこれほどまでにはっきりと記憶しているのは、視覚からの情報が遮断された生活を普段から行っていたためである。今でこそ、スマートフォンやボイスメモなどでメモを取ることは簡単に行えるようになったが、当時の視覚障がい者はメモを簡単に取ることができないため、脳で記憶することがほとんどだった。そのことをほかの人に話すことでアウトプットする。人間はこのインプット、アウトプットを繰り返すことで記憶をしっかりと定着させている。

「人の脳っていうのはしっかりしていそうで実は曖昧」と彼も言うように、私たち人間の脳は常にモノを忘れる仕組みになっている。そのため、覚えておこうとしてもいつの間にか忘却してしまう。この点で彼は、視力を使うことができないがために、映像や写真から記憶を呼び起こすのではなく他人に自分の経験を話す、いわば語り部のような役割を担ってきたことで、当時の出来事を鮮明に記憶しているのだろう。

地震が発生した直後、雷のような音を聞いて雨かと思い、窓を開けた瞬間に揺れ始めた。最初は「あっ地震だ、でもすぐに揺れは収まるだろう」と思っていた。しかし、大きく縦揺れに変わり、流れていたラジオや電気が切れ、あちこちからガラスの割れる音、瓦が落ちてくる音が聞こえた。この音を聞いた時、彼はここで死ぬと思った。揺れが収まってから、ラジオで状況を確認しようとしたが詳しいことまではわからなかった。家を出て周りの住人と話したことで震源地が淡路島で、とても規模の大きい地震であることを把握した。

それでもまだ地面の下からはごうごうと音がしていたし、余震で揺れてもいたので初子（全盲の妻）と二人でパジャマのまま、裏口から外に出た。猫は床下に隠れていた。隣とのあいだの狭い路地には今ちゃん（今泉さん）の家の屋根から落ちてきていた瓦が重なってあったし、水道管は破裂し水はじゃあじゃあと音を立てて噴出していた。300L入りの大きな電気温水器のタンクも倒れていた。タンクの重さは300キログラムはあったと思う。

（今泉さんの日記　二〇一七年一月一七日より）

当時のことを綴った日記には、実際に見えているかのように書かれていた。避難所までの道のりも、選挙に行っていたことで道に困ることはなく、白杖と足の感覚を頼りに歩いた。この時何人かでの行動だったが、今泉さんが先頭を歩いて状況を把握しながら行動していた。

この三人の聞き取りからは、音の印象がよく残っていること、そして、脳の曖昧さが顕著に出ていると感じた。今泉さんは揺れの長さがとても長く感じたと仰っていたが、新阜さんは聞き取りのなかだと揺れの印象よりも、その後のことの印象が強く残っていた。また、視覚が遮られているはずだが、晴眼者と同じように地震を経験し、震災を視覚的に感じていたことがわかる。今泉さんは、瓦やブロックを足で踏んで確認していたが、実際に見ていたかのように話していた。また新阜さんは、地震で冷蔵庫が跳ねて倒れたことを目で見ていたかのように話していた。このことから、いかに視覚障がい者が他の五感を使って視力を補っているかということがわかる。

二 ユニークなコミュニケーションから学ぶ

災害時、安全を求めて避難所や仮設住宅、復興住宅へと向かう被災者は多いが、視覚障がい者はどのようにして特殊な状況を生き抜いていったのだろうか。

脳性麻痺という障害を持ちながら阪神・淡路大震災を経験し、現在、障害学を研究している野崎泰信は、普段から社会的弱者として位置付けられている障がい者は、震災のような状況でより弱者になるということを実感したと分析している。たとえば、労働ができない障がい者は生活保護を利用して暮らしているが、その水準は「最低限度」以下で、古い借家やアパートに住まざるをえない。阪神・淡路大震災は、そんな社会構造、いわゆる障がい者を弱者として扱う社会のあり方を明らかにした（野崎 二〇一五）。

今泉さんも、自宅にいると危ないことをラジオで聞き、避難所、その後、仮設住宅で生活することになった。避難所になった小学校までは、以前選挙会場として利用していたため、

触覚を通じて自宅を判断する今泉勝次さん
（2023年1月5日撮影）

迷わずにたどり着くことができたが、被災者で埋め尽くされた体育館や臨時で設置されたお手洗いは、当然いつもとは違う場所になっていた。体育館では、あちこち動くことができないため、じっとしていることしかできなかったし、配給時も自ら取りに行くことができないため、誰かに持ってきてもらうまで待たなければいけなかった。仮設住宅に移ってからも、震災前とは異なる状況であり、彼が知っている地図と当時の町は変わってしまったことが明らかだった。「仮設住宅周辺の地図を再構築しようと思い、部屋を間違えないようドアノブに紐を巻き付け、散歩に出た。道路と住宅の境目に金網のフェンスがあることや、住宅のすぐそばを車が走っていることがわかったが、うろうろしていたら迷子になった。迷ったおかげで自分の家は完全に覚えたが、朝早い時間だったため、二時間後に人に出会い、ようやく自分の家にたどり着いた」（今泉さんの日記 一九九五年四月 仮設住宅入居時より）。彼もまた、災害という特殊な状況下で、不利な位置にあったと考えられるが、積極的に周りとコミュニケーションを取ったことで、むしろ有利な位置を獲得した。障がいを持っていることで気遣われる障がい者が、なぜ有利に動くことができたのだろうか。

ここでは、不利になるはずの視覚障がい者が、必ずしもそうならなかったことを特有なものとして扱い、今泉さんの日記や聞き取りに基づいて、視覚障がい者の特有性に言及していく。

避難所では、異例な状況下に置かれることで疲労が蓄積しており、お風呂に入りたいという欲求で溢れていたが、もちろんそれは難しいことであった。そこで彼は、大倉市場の近くに銭湯があるのを思い出し、車の運転ができる人に見に行ってきてと頼んだ結果、薪で焚いていた銭湯に並んでもよければお風呂に入れることがわかった。「あんな所に風呂屋があるとよう知ってたなあ」「ほんま助かったわー」といわれ、みんな今泉さんに感謝の気持ちを伝えた。この情報は、視力があった頃に、大工さんが廃材を持っていく光景を見たことがあったからだった。視覚障がいを持っているから何も知らないと思われていたが、見えなくても情報を持っている人だと認識されるようになり、避難所での信用度につながった。普段から情報のアンテナを高く張ってそれを周囲に広めていくことの重要性、また、人の心は変わりやすいことを強く感じた。

今泉さんがこう考えるようになったきっかけは、小学生の時、クラスに聴覚障がい者の人がいたことだ。最初はかわいそうという思いからだったが、その人と対等に話してあげようと考えた結果、聴覚障がいの友人が理解できるようにゆっくり話すことを心掛けるようになった。他の子も、聴覚障がい者のためにゆっくり話すことが習慣になっていった。この経験を機に、人は周りの環境で変わることを感じるようになり、震災でもこのことを強く感じたのである。

震災直後の日記にも、〝人の心は変わりやすい〟というタイトルで復興住宅に移居するまでのことが書かれている。

一九九五年七月に、第一回目の市営住宅入居の募集が始まり、彼ももちろん応募した。復興住宅への移居手続き等は行政政策の一環であるため、視覚障がい者は優先的に扱われる対象だと思われがちである。しかし、社会的弱者のなかでも子供を持つ世帯や高齢者がさらに優先順位が高くなるため、なかなか当選せず、四回応募に外れ、五回目でやっと当選した。それを知らない周りの住民は、「どうせ障がい者は先に当ててもらって、良いところに入れるだろう」と言っていたが、今泉さんが抽選に外れるたびにその考えは次第になくなっていった。そのことを日記のなかで次のように綴っている。

「抽選に外れる毎に住宅の人たちと仲良くなってくるのは不思議なものだ。最初嫌なことをよく言っていた人も、『あんたが当たるまでは、我々も期待せん方がええかも知れんなあ』と言い出した。最終的にはその人たちの方が、私より先に仮設住宅を出て行くことになった。

私には黙って行ってしまった。後から聞いた話だが、見えない人たちより先に出て行くことは心苦しいと言っていたようだ」（今泉さんの日記　一九九五年四月仮設住宅入居時より）。結局、彼が復興住宅に入居できたのは、震災発生から約三年経った一九九八年三月三日のことだった。

短い避難所生活のうちに、無料でマッサージの提供も行った。最初は、すでにコミュニケーションを取っていた隣の人に声をかけて行い、気持ちよさそうにマッサージを受けている姿を周りの人が見ることで人を集めた。マッサージを行いながらの会話は、マイナスな内容ではなく、普段と変わらない会話を交わした。今泉さんによると、あえて世間話を持ち出していたのだが、これは、避難している状況で暗い話をしても仕方がないという彼の配慮によるものだった。銭湯の情報を提供したことと同様、目が視えなくても気持ちのいいマッサージをしてくれる存在として確立し、彼の避難所での位置付けは、決して不利ではなかったといえる。

はたして、晴眼者が今泉さんと同様、情報を提供したり、マッサージを実施すれば、不利な立場が逆転することはあるのだろうか。逆に、それがなければ彼の不利な位置付けは揺るがなかったのだろうか。誰かの助けを借りてトイレに行くことを気遣い飲む水の量を減らしたり、ボランティアの活動に自分が参加できなかったりすることを引け目に感じて精神的に参ってしまうなど、避難所における社会的弱者の要素は様々である。

障害学者の野崎泰信によると、障害がある人やその家族は、周囲からの偏見に悩まされることがある。障害を持っていることだけを理由に、半壊あるいは全壊に近いような状況でさえ、余震の恐怖に怯えながら自宅で過ごさざるをえない障がい者が多く存在した。すなわち、一般の避難所が、障がい者にとってはそもそも避難所でさえなかった（野崎二〇一五）。

今泉さんも、約一週間避難所で暮らしたが、自分が何もできないことや、掲示板に貼られる視覚的な情報を確認できず情報が入ってこないこと、配給されるものがあっても自分では取りに行くことができず、人が持ってきてくれるまで待たなければならなかったことなど、今思い返すと精神的にとても疲れていた。日記のなかでも、「大きな災害のときの障害者の避難所は別に作って欲しいと思う。第二避難所は絶対に作って欲しいので要望して行きたい」と綴った（今泉さんの日記　二〇一七年一月一七日より）。

避難所生活を送った視覚障がい者は、彼のように不利な立場を逆転させることに成功した人ばかりではない。むしろ、精神的に参っていながらも、有利な位置にあったことはとても貴重である。彼は障がいを理由に、相手を気遣い、誰かに助けを借りてでも、自分のために行動する。いわゆる生き抜くことを天秤にかけたら、生き抜くことを選択する以外ないと考えていて、視覚以外の部分を頼りに情報を取り入れ、積極的にコミュニケーションを取った。

普段から弱者として位置付けられ、災害の時によりいっそう弱者になる障がい者だが、彼には不利を生き抜くための戦略があったといえる。

三　視覚障がい者が感じた復興

視覚障がい者が社会的弱者として位置付けられている社会構造で、震災で誰がより弱者になるかは明らかである。そんな不利な立場にいる視覚障がい者は、視えない復興をどのように視て、災害から生き抜いていったのだろうか。そもそも視覚的に復興を視ていない視覚障がい者は、復興を果たしたのだろうか。ここでは、ビルの再建や道の舗装、その前の工事作業の段階等、視覚からの情報で判断することが多い復興について、そして目の視えない視覚障がい者の復興について言及していきたい。

神戸市視覚障害者福祉協会の会長（聞き取り当時）を務める福井照久さん（現在六八歳、震災当時全盲）は、スーパーやお店に入った時に声をかけてくれる人が増えたことで復興を感じた。震災直後は自分が生きることで精一杯だった人たちも、「もうちょっとこっちですよ」や「危ないですよ」と彼を気遣う余裕ができていったといえるが、そもそも視えないため町が壊れた実感はなく、復興というよりは、声をかけてくれていた普段の日常に戻ってきたという感覚に近いという。

また、一五歳までは視力があった長尾さんの場合は、復興の判断は周りから聞いた情報に加え、視力があった頃に写真で見た関東大震災の情景を、自分が知っている神戸の風景に重ね合わせて判断していた。しかし彼も福井さんと同様、町が壊れた実感はないままで、復興した神戸の景色は今もわかっていない。

最後に、今泉さんは、車に乗っている時に復興を一番感じる。中心地に行けば道路が綺麗になっているため振動はないが、彼が住んでいる地域（神戸市垂水区）の路地裏はまだまだガタついていて、振動や揺れ方で復興していないことを感じている。今泉さん自身は車に乗っている時に復興を感じるが、包括的に復興を捉えるのであれば、二七年経った現在でも復興はしていないし、今後も復興はありえないと主張する。

復興はやっぱりないと思ってる。生活面とか、町とかは復興してるやろうけど、心の傷とかの面を合わせたらないね。震災の記憶を話したくない人がいる限りはない。震災を受けた全員が、全員がやで？　これからのことを考えて、記録として残して語らなあかんってなった時が復興やと思う。（二〇二二年一〇月二五日　今泉勝次さん聞き取り調査より）

また、阪神・淡路大震災を踏まえて、国や行政にどうしてほしい、こういう制度を作ってほしいなどは考えておらず、その背景にあるのは「自分の命は自分で守る」と強く決めているからである。これは、マッサージの仕事をしていた時にお客さんから聞いた話がきっかけになっている。

昭和二〇年（一九四五年）に、淡路の播淡連絡汽船が沈んだんよ。（マッサージをしていた）その日が事故と同じ一二月九日やったから、たまたま、ほんまにたまたまその話を持ちかけたらマッサージしてたお客さんがその船に乗ってて。沈んだ時、海のなかで足掴まれたんやって。でも自分も死にたくないから、掴んだその人の顔を蹴飛ばしたら、その人は沈んでしまったらしい。四、五〇年経ってもやっぱり思い出すし、消えないって言ってた。

（二〇二二年一〇月二五日　今泉勝次さん聞き取り調査より）

この話を二〇代の時に聞いた今泉さんは、「人は普段いっぱいいいことを言ってくれるが、いざとなったら絶対助けてくれない」と強く思った。それ以降「阪神・淡路大震災のように地震が起こっても、自分の命は自分で守るしかないと思っているし、心の傷は消えない、だから復興が果たされることは今後もないと考えている」そうだ。

四　視覚障がい者にとっての復興とは

ここまで視覚障がい者にとっての復興観について考えてきた。主に聞き取りを行った三人からは、復興をしたのかはっきりとはわかっていないことが伝わる。そもそも復興は、地震で崩れたもの、失くなったものが戻ることだけを指す言葉ではない。災害研究をしている宮原浩二郎は『「復興」とは何か——再生型災害復興と成熟社会』のなかで復興について、「『復興』とは『災害によって衰えた被災者および被災地が再生すること』である」（宮原 二〇〇六：五）と述べている。今現在の震災からの復興は、視覚的に感じ取ることのできる晴眼者にとっての復興であり、視覚障がい者の復興にはいたっていない。今泉さんも聞き取りのなかで「感覚的にやっぱりないと思っている。生活面とか、町とかは復興してると思うけど、心の傷とかの面を合わせたらないね」と語っており、心の面での復興はまだ実感していない。このことからも、視覚障がい者にとって外側（目に視えるもの）ではなく、内側（気持ちや心の面）の復興が重要であるとわかる。

ではなぜ、内側の復興が重要なのか。それは視覚的なものがわからないということも大きいと考えられるが、普段から〝小さな被災〟を繰り返しているからではないかと考える。視覚障がい者の町の見え方を知るため、今泉さんと一緒に歩いた時に「突き当たりに三つ角があって、今のこの坂あるやろ。このちょっとの坂を上がったら左……ここの家の、ヒーターの音がごっつい参考になる。夏はクーラーやし、割といつもついてるな……ここで水の流れる音がしたら、右に曲がるねん」（二〇二三年一月五日　今泉さん聞き取り）と話していた。坂の角度や水道管の音、空調の音、花の匂い、全てが視覚を補う目印になっており、晴眼者は感じられない、もしくは感じたとしても気にしないようなことが重要な標識となっている。しかし、空調の音や花の匂いは一年を通してあるものではないため、視覚障がい者は、認知地図が崩れること（＝小さな被災）と再構築を繰り返し行っているということである。

町を歩く今泉勝次さん（2023年1月5日撮影）

また、近年では各所に点字ブロックや安全のための塀や柵が設置されることも多くなってきた。しかし今泉さんにとって、点字ブロックは道に迷う原因となり、塀や柵も邪魔に感じてしまう。これは、自分の認知地図にないものが新たに生まれ、今までとは違う場所になるからである。このことは、復興にも当て

水道管の音が聞こえて、右折を判断する場面（2023年1月5日撮影）

はまる。視覚障がい者は、長年の生活で視覚がなくても感じられるようになっていたことを、地震によって失った。復興された道は凹凸がなくなって歩きやすくなったと同時に、目印（凸凹）のなさからどこを歩いているのか把握することが難しくなった。

しかし彼は「体で実際に当たったり、白杖で突いてみないと、どこに何があるかはわからない。それを重ねて覚えていく。最初に今の住宅に来た時は一人で色々な道を歩いた」と語り、何度も歩いて体に覚えさせることで、徐々に自分の場所、危険な場所を感じ、把握していく。

彼にとって町が変わることは日常で、地震によって変わってしまった町の変化への対応力が、日々形成されている。そして、災害という誰もが困難や脅威に直面する状況に対して、うまく適応できる能力や適応していく対応力が備わっている。現在、環境政策、環境配慮型社会を研究している田中充によると、こうした災害への対応力の概念に「レジリエンス」という用語がある。この概念は、外からのリスクや衝撃に対して対処する能力で、「対応力」や「回復力」と言い換えることもできる（田中　二〇一九）。このように、普段の日常から小さな認知地図の復興を繰り返していたことで、五感で感じる復興に徐々に免疫がついた。それが視覚障がい者のレジリエンス論であり、そうした要因があったからこそ視覚障がい者は、内側の復興に重きを置く独自の復興観を生み出したといえる。

おわりに

本章では、視覚障がい者の震災観と見えない復興について考察し、視覚障がい者は復興というものに対処していくための力を日頃から身に付けていたことがわかった。つまり視覚障がい者は、日常生活において視覚的な復興の影響を受けないということだ。

視覚障がい者が歩くための目印は日々変化しており、〝小さな被災〟に対応するため認知地図の復興を繰り返している。そのため、復興への身体的な耐性を持ち、復興を日常生活の一部として体感することで、晴眼者が感じる視覚的な復興を感じることができなかった。一方で、災害看護の研究をしている植田喜久子によると、視覚障がい者が、自分自身で移動でき外出を自由に行えるようになると、他者に依存しているという気持ちから解放されて精神的自立感を味わうといわれている（植田 一九九九：一七〇）。すなわち震災後には、頼んでいた外出援助のガイドヘルパーなしに、自由に外に出られることで復興を感じられたということとである。

しかし、ガイドヘルパーは震災復興の時のみ必要となるのではない。引っ越しや工事など、周辺の環境が変われば必要になる。そのたびに視覚障がい者は復興と同じ環境に立たされていたのではないか。そうすると、視覚障がい者の復興レジリエンスは、阪神・淡路大震災が起こる以前から、〝小さな被災〟を経験し始めた時から始まっていたと考えられる。

参考文献

伊藤亜紗、二〇一五、『目の見えない人は世界をどう見ているのか』光文社

植田喜久子、一九九九、「阪神・淡路大震災を体験した視覚障害者の移動・情報入手方法の実態調査」『佛教大學大學院紀要』二七：一六一―一七二

奥本一夫・松本昭二・鷲尾邦夫ほか、一九九六、「阪神淡路大震災からの復興を考える」視覚障害者支援総合センター編『視覚障害――その研究と情報』一四三：一五―二一

神戸アイライト協会編、二〇〇五、『視覚障害被災者の一〇年――阪神・淡路大震災メモリアルイベントの記録』神戸アイライト協会

田中充、二〇一九、「災害対応力『レジリエンス』の概念と構造」『とうきょうの自治 = Autonomy・Tokyo』（都

内基礎自治体データブック）一一五：五一―五五
野崎泰伸、二〇一五、「阪神・淡路大震災での障害者支援が提起するもの」天田城介・渡辺克典編『大震災の生存学』青弓社、八四―一〇二
広瀬浩二郎、二〇一七、『目に見えない世界を歩く――「全盲」のフィールドワーク』平凡社新書
本間昭信、二〇〇〇、「日常的な生活空間における視覚障害者の空間認知」『地理学評論』七三（一一）：八〇二―八一六
三星昭宏・秋山哲男・田中直人・新田保次・土井聡・北川博巳・飯田克弘・杉山公一、一九九五、「阪神・淡路大震災における障害者の被災と今後の課題」『総合都市研究』五七：一四一―一五〇
三星昭宏・北川博巳・杉山公一・土居聡、一九九七、「阪神大震災発生後の障害者の交通問題について」『土木計画学研究委員会　阪神・淡路大震災調査研究論文集』九一―九六
宮原浩二郎、二〇〇六、「『復興』とは何か――再生型災害復興と成熟社会」先端社会研究編集委員会編『先端社会研究』第五号、関西学院大学出版会、五―四〇
和薬真理子・生田英輔・村川由加理・今井大喜・渡辺一志、二〇二一、「視覚障がい者の防災意識と避難行動に関する調査」『都市防災研究論文集』九：一―六

V

聴く

5章　声による生死の判断とトラウマを語る力

竹中鈴花・山谷美優・中西麻衣

はじめに

悩みではなく苦しみ。救助活動をするなかで五、六人に分かれた一つの班の現場指揮者として非常に苦しんだ。そして声がしない人を後回しにするのは後で心に残る。

（二〇二一年九月三〇日　野村勝《のむらまさる》さん聞き取り調査より）

消防士は多くの命を救うのが使命である。この本当の意味は、助かる命を優先し、助からない命は後回しにするということであった。どのようにして消防隊は生死を判断していたのか。人の命が優先されるか、後回しにされるか、阪神・淡路大震災においてその重要な判断源となったのは「声」であった。

瓦礫に挟まれ身動きがとれないなかでも、声が出せれば生きていることをある程度把握してもらえる。「声」が届いた者は順に救助されていくのであった。視界が悪く、視覚が上手く機能しないなかで、その代わりに機能したのが聴覚であった。声は、瓦礫の下で生きている証を示す唯一の手段だった。人の生死を声一つで判断しなければいけないのは酷であるが、阪神・淡路大震災ではそれを判断基準としていたことは事実である。三〇年近く経った今、その声がどのような意味を持つことになったのか本章では迫ってみたい。

一　トリアージという言葉もないなかで

手探りのなかでの救助

阪神・淡路大震災が発生した一九九五年一月一七日午前五時四六分の直後は、外は真っ暗で電波も通じず、情報が全く手に入らないといった状況であった。自分の目で周囲の状況を見ることもできず、情報を摑めなかった。どこもそのような被害状況で、暗闇に立ち上がる火災の炎だけが見えていた。夜が明け、ヘリコプターや他の救急隊員が出動して本来の救助活動が行われ始めたが、それは簡単なものではなかった。情報が極度に乏しかったため、見通しのきかないままで救助を行わざるをえなかったのである。

そのなかで、効果的な救助手段として用いられたのが「トリアージ」であった。今ではドラマなどでも扱われ、聞き慣れた言葉になりつつある。このトリアージとは、傷病者を傷病の重症度に応じてクラス分けをすることを指している（東京都福祉保健局 二〇一九）。瞬時の判断を行うことで、一番多くの命を救うことができるとされている。だが救助を遂行するにしても、火が燃えているところや瓦礫が積み上がっているところなど、様々な場所が被害を受けており、とりわけ消防隊員は消火活動をすべきなのか、救助活動をすべきなのか判断を迫られていた。火事の現場があれば消火活動を求められ、助けを求める声が聞こえれば救助活動の要請に応えなければいけなくなる。しかし一つの身体で二つのことを同時にはできない。そのため、活動は五、六人で一隊として動き、その場その場で消火と救助のどちらをするか判断をしながら動いていた。

そのような厳しい状況下で、彼らは新たな問題に直面する。救助活動のうち傷病の緊急の度合いや重症度に応じた優先順位を、何を基準にして決めるかということである。生きている人を優先的に救助することが最重要であるが、そもそも生きている人はどこにいるのか。今、救助しようとしている人は、生きているのか。視認できない以上、そこには大きな制約が課せられる。救助隊は、大きな震災があった時にできる限り多くの命を救うことを目指している。これを実現するためには、意識がある人、心臓が動いている人を早く救出しなければならない。残念だが、亡くなっている人を救うことはできない現実がある。少しでも助かる見込みがある人を救出し、多くの命を救うことが彼らの役目であった。

トリアージについて

災害時は傷病者が非常に多く、救助活動などの医療現場で混乱をまねく可能性がある。そのためトリアージを行い、効率的に治療し生存の確率の高い人を優先的に助けるための順序をつける。現在ではトリアージの際に、主にトリアージタッグを使用して行っている。東京都福祉保健局が作成したトリアージハンドブックによると、重症群を表す赤色、中等症群を表す黄色、軽症群を表す緑色、無呼吸群と死亡群を表す黒色の四つのトリアージカテゴリー（写真）があり、そのカテゴリーに基づいてタッグを使いトリアージが行われている（東京都福祉保健局二〇一九）。

実際の現場でのトリアージは、一次トリアージで歩ける人を一旦安全な場所に誘導して、緑のタグを付け、一

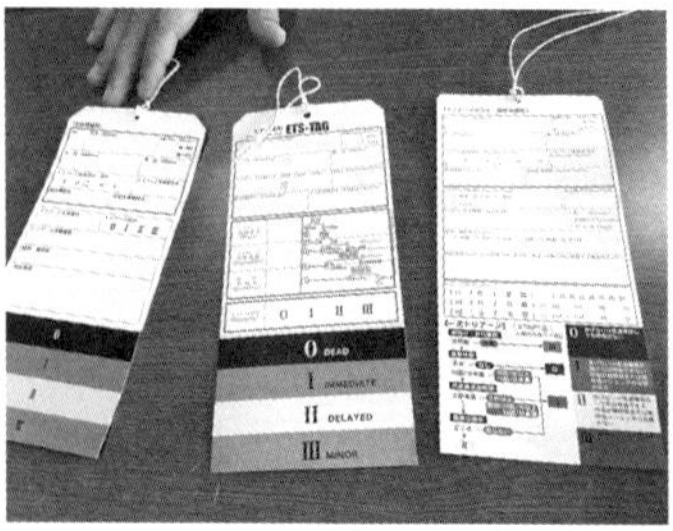

実際のトリアージタッグ（2022年撮影）
0：黒　無呼吸群、死亡群
Ⅰ：赤　重症群
Ⅱ：黄　中等症群
Ⅲ：緑　軽症群

次集積場所となる救護所で再トリアージを行う。再トリアージをすることで黄色のタグをつけたり、赤色のタグをつけたりする。現在のトリアージでは一回の判断ではなく、傷病者の状態に合わせてその都度何度も繰り返される。

しかし、阪神・淡路大震災が発生した当時は、現在のようなトリアージのシステムは確立していなかった。そして、トリアージはそれを行う実施者に非常に重い心理的負担を与える。

西宮消防署の前田総史さんは、当時のトリアージについて次のように話した。

「震災時にトリアージという概念はあったんですけども、決まったタッグがあったりということはこの時はなかったんです。この当時はそういったシステムが導入されていない段階で、実際に震災で建物に挟まれてしまっている方とか、救出救助の要請があって現場に駆けつけるんですけど、手探りで言われた順番とか、発見した順番に救出救助を行っていたというのが実際のところなんです」（二〇二二年六月二三日　前田総史さん聞き取り調査より）

この発言からもわかるように、当時は現場に駆け付けた人が状況に応じてそれぞれのやり方でトリアージを行っていた。

二　救助側の葛藤

手に負えない救助活動

防災の専門家である河田恵昭は「阪神・淡路大震災ではガレキの下敷きになった住民の四分の三強は近所の人たちによって救出されたことになる」（河田 一九九七：八）とし、残りの四分の一弱は消防などに救出されたことになる。この数字が示すことは、いかに広範囲に地震の被害が発生し、それに当たる人員が少なかったことがわかる。具体的には、火災は神戸市内に五九箇所発生し、地震で一〇万棟が全壊、一五万棟が半壊になった。地震が起きたとき、神戸市の消防隊のなかで三百人ほどが各署で夜勤宿泊であった。

震災当時、神戸市垂水消防署に勤めていた野村勝さん（当時五六歳）は、火災や倒壊など被害が大きかった長田区と須磨区への救助と応援に駆け付けた。野村さんは地震発生時、地震が起こったことは理解していたが、自分の手も見えないほどの暗闇で、外の様子を全く把握することができなかった。普段であれば消防局から指令が入るが、各消防署に指令を出す神戸市消防局も停電で防災無線が使えなかった。消防局にも上空から地上の被害を見るためのヘリコプターはあったが、真っ暗で町が見えず、被害状況が摑めなかった。そのため、神戸市消防局は正確な指示を直接各消防署に出せず、地震の三〇分後に「所轄単位で行動するように」という連絡のみの無線がそれぞれの消防署に入った。現場の状況を把握することも困難な状況で、消火活動や救助活動が始まった。

実際に野村さんを含めた消防隊が長田区の消火活動をするなかで、必要な水を確保することはとても困難であった。地震の被害で消火栓が壊れて水が出ず、倒壊した家屋によって押し倒された防火水槽からは水が漏れていた。消火栓や防火水槽が使えなかったため川の水を持ってこようとしたが、神戸には各区にほとんど一つの川しかなかった。実際に長田区では新湊川の水を全て使い果たし、学校に溜まっていたプールの水も使い切った。冬で元々雨が溜まった程度の水量しかなく、消防隊が二、三台でプールの水を吸ったらなくなる状況であった。

消火のために必要な水の調達場所が少なくなっていくなかで、後は大阪湾に面している海水しかない。海から消防車に備えられているホースをつないで火災現場まで延長した。野村さんは消火に必要な水の調達に苦戦し、消防隊として本来の仕事である消火がスムーズにできない辛さや情けなさを感じた。

震災が起こった時、消防士の人数も、消防車や救急車の台数も、消火栓の本数も、防火水栓の本数も、全て消防法で決められた基準を十分に満たしている状態であった。それにもかかわらず、四分の三以上の被災者を一般市民自らが助けなければならなかった実態は、被害の大きさと救助の困難さを物語っている。

「声」によるトリアージが生む葛藤と後悔

このような状況のなか、震災によって倒壊している一〇万棟の家から被災者を救助することは、相当な時間と労力がいる。到底、消防隊や救急隊などの組織だけでは救助できる数ではない。応援要請をしても返事はなく、それぞれの場所で各隊が必死に救助活動をしている状況が続いた。あまりに被害範囲が大きく、倒壊した家の下敷きになっている人の救助は声の有無で判断するしかなかった。周りには家族の救助を求める声も聞こえたが、その声に応えていてはきりがなかった。

消防隊自らが実際に倒壊している家に声をかけて、返事をすれば生きているし、返事がなければ亡くなっているという判断をした。野村さんは「決断するというのはものすごい勇気がいる。もうほんまにプラスかマイナスか、二つに一つやからね。それはいろんな経験とか知識とか総合した判断するからね」（二〇二二年九月三〇日　野村勝さん聞き取り調査より）と語った。

救助が進んでいくなかで、野村さんは一人でも多くの人を助けるという思いと、瓦礫の下敷きになっている人の家族への思いとのあいだでの決断で葛藤した。倒壊している家の周りを消防車で通りかかると、まだ救助されていない人の家族から「助けてくれ」と声をかけられ消防車を止められる。しかしどこまで消防車を走り進めても、倒壊して下敷きになっている人がいる家が途絶えることはなかった。それでも四方八方から「こっちも助けて欲しい」という悲痛な声がする。この時、野村さんは一つの班の現場指揮をしていた。どんな状況であっても人を助けたいし消火活動を行いたい気持ちはあったが、助かる可能性のある人を優先して救助しなければいけない立場でもあり、非常に辛かった。

　声を出せなくても救助を求めている人がいるかもしれないなかで、声を出せる人を先に助けなければならなかった。優先する救助と後回しにする救助とを逡巡《しゅんじゅん》しながら決断をし続けた。しかし一旦優先順位をつけた後も、こうしていれば良かったと感じてしまう場面もあり、そこにまた苦しんだ。「悩みではなく苦しみ。救助活動をするなかで五、六人に分かれた一つの班の現場指揮者として非常に苦しんだ。そして声がしない人を後回しにするのは後で心に残る」（二〇二二年九月三〇日　野村勝さん聞き取り調査より）

　このように野村さんは、救助の優先順位を声で決めるという葛藤と苦しみを抱えながら救助活動を行ったが、市民からは「声がしなかったから死んでるっていうのは（どうして）わかるんか」という心ない罵声を浴びせられた。声がしないというだけで家族の救助を後回しにするのか、私の家族を優先的に救助してほしいという市民に対して、その理由を説明している時間もなかった。市民の言うままに消火や救助をするわけにもいかない。この状況下で必死に救助を行う側の気持ちを考えられるような、心に余裕のある市民ももちろんいない。何が正解で何が間違っていたのかは誰にもわからない。市民に罵声を浴びせられた時、怒りなどの感情が出てくるよりも、早く次の現場に行き、助けられる人を助けなければということで頭がいっぱいであった。

野村さんが何よりも悔しかった出来事は、救助した人がすでに亡くなってしまっていた時だった。「生きているのか死んでいるのか返事せえ」と野村さんが声を掛けた時も返事がなかった人を、一、二時間後に助けると既に亡くなっていた。声は出せなかったけれど生きていたかもしれない。もし先に助けていれば救えたかもしれない。あの時の自分たちの判断が間違っていたのではないか、どうするべきだったのか三〇年近くたった今もその答えは出てない。家族は消防隊に対して、謙虚な気持ちで「ありがとうございました」と声をかけてくれたが、生きている人を助けるのが消防士の仕事であるからこそ、野村さんの心のなかには後悔が残っている。声の出せない状況を聴けなかったことへの心残りが、未だに救う側の当事者に重く圧し掛かっている現実がみえてきた。

「消防隊として一人でも多くの人を助けたい」という本音があったからこそ、発せられた声、発することができなかった声を聴けなかったことが辛い経験として、野村さんの記憶に強く刻まれた。

閉ざされた声

震災から二カ月が経ったある日、長田区役所で復興まちづくりの会合が行われた。そこには消防隊なども含めた約五〇人が集まった。ここで野村さんは震災当時の話をするように頼まれ、震災の情景や救助の経験談、苦労したことなどを隅々まで話し、最後に「精一杯やることはやった。だから仕方なかった」という言葉で話を締め括った。彼の言葉にある一人の市民が急に立ち上がり、鋭い目で睨みつけ、灰皿を投げつけられた。この人は恐らく震災で身内か知り合いを亡くした方であり、その人に対して仕方がなかったの一言で終わらせてしまったことが過ちであったと後悔した。しかし、口が裂けても言えないことではあるが、自分たちの救助の仕方が原因でその方が亡くなったとは限らないとも思った。

野村さんには、実際に現場での救助を経験したからこそ知る真実がある。何が起きていたのかを伝えることで、被災者にとっても何か救われるものがあるのではないかと思っていた。しかし現実は、救うどころか知らぬ間に怒りをかってしまっていたのである。このことを機に、野村さんは当時のことについて話すことを拒むようになった。

会議が行われても消防士として参加することはなく、職業を水商売と詐称して、相手にそれ以上の身の上を聞かれないようにした。経験した人にしか知り得ない現実は確実にある。その真実が、阪神・淡路大震災を経験していない人にとっては震災の怖さをリアルに感じ取れる貴重な情報源となる。しかしこのように、真実を知ることで逆に苦しんでしまうこともある。思い出したくもない過去をわざわざ口にしたにもかかわらず、誰かを傷つけるリスクがあるくらいなら話したくないというように、経験談を語る人が減ってしまう現実がここにある。それらはいわば「閉ざされた声」といえるだろう。

三　トラウマを語る力

点と線の記憶

生死を判断した人と判断された人がいる。そこには深い溝が存在する。それは災害現場だけではなく、たとえば医療の現場でもそうである。とある医療を受けた患者の家族は、医療における意思決定について、医師と重症心身障がい児やその家族とのあいだに医療に対する考え方に齟齬があり、障がい児を持つ親の目からみれば、医師はその「(時)点」の医療をみており患者や家族はこれまでの〝親子の人生〟という「線」としてみているため、ギャップが生まれるという指摘をしている（児玉二〇一五）。

この点と線の違いを、野村さんら消防隊と被災者やその家族にもちょうど当てはめることができる。消防隊が救助に対して「（時）点」でみているのに対して、被災した家族は「線」でみていると考えた際に、消防隊と被災した家族とのあいだにギャップが生まれることになる。野村さんは消防隊として多くの人の命を救うという使命があるため、声が聞こえる、出せるといった救える見込みがある人を優先的に救助していた。これは「（時）点」でみており、その場で見ると最善なのかもしれない。

しかし、その行動は被災者にとっては最善ではなく、もしかしたら家族を救えたのではないだろうか、なぜ家族を救助してくれなかったのか、見つけてくれなかったのかという思いが生まれ、結果として野村さんが非難を浴びる原因となった。これは、被災者や遺族は被災者が負った心の傷の深さからみて、救助を「線」でみており、野村さんの行動をその時「点」として判断しているためと考えられる。

この「点」と「線」の考え方の差により両者にギャップが生まれ、それによって野村さんへの非難が起こり、大きなトラウマを生んだのであった。このトラウマから、野村さんは経験談を話さなくなった。実際には、野村さんは三〇年ほど経った現在でもあの時の判断を逡《しゅん》巡《じゅん》して葛藤を抱えており、当時の行動が人生のなかでは線として続いている。それが点のようにみえるのは、その思いが閉ざされた声として表に出ずに隠れているからというだけなのである。

語る役割を持った実線へ

公衆衛生学や救急救命などの専門家によると、自然災害や事故などの惨事ストレスに曝されることが多い消防隊員は、外傷後ストレス障害と呼ばれる、いわゆるＰＴＳＤになるケースが比較的多い（野島ほか 二〇一三）。ＰＴＳＤによって潜在的に閉ざされてしまった声は、どのようにトラウマを語る力を獲得したのだろうか。

野村さんの場合、震災を語らなくなった二年後に突然、その機会は訪れた。徳島県で同窓会があり、そこで阪神・淡路大震災の話をして欲しいと頼まれた。いつものように過去の出来事がフラッシュバックし断ろうとしたが、徳島県という神戸から離れた県外であることも起因して、話してみる気持ちになった。すると、今までのような否定的な反応とは真逆で、真剣に話を聞いてもらえた。経験した人にしか知り得ない真実を聞き、彼の消防隊員としての逞しい姿や行動から、自分自身ももっと頑張っていかないといけないと感じた人が多くいた。これが、野村さんが語り部として活動する生活の始まりとなった。

今までは、経験談を語ること自体が苦痛だった。消火・救助活動の当事者だった時の葛藤や後悔と、被災者や遺族と向き合った時の過去のトラウマから、自分が語ることで誰かが傷つき、そこにはデメリットしかないと感じていた。しかし、実際はそれだけではなく、大震災の経験から学んだ教訓、今後の課題、今やるべきことを伝えることで、これからの未来を救えるということに気づかされたのである。

それは、野村さんが後悔をしながら震災後の二年間を過ごしたことで、被災者や遺族が持つ「線の見え方」を知ったということが考えられる。つまり、潜在的にあった閉ざされた声という「点線」から、葛藤を抱えたまま語る役割を持った「実線」へと変化したのである。話すきっかけとなったのは、地元であればそこまで非難を浴びることはないのではないかという理由ではあったが、そこでつぐんでいた口が開いたのは大きな出来事であった。

おわりに

消防士は阪神・淡路大震災の際に、あまりにも大規模な災害を前に生死の判断を声によって決めざるをえなかった。今でこそトリアージは災害の現場において当たり前のように使われて認知されているが、それでも当時の人々もそれに似た形で、判断と決断を行ってきた。しかし、三〇年ほど経過した今でもその当時の判断が正しかったのか葛藤を抱えており、ある種のトラウマ状態である。しかも、それは助けられる側であった被災者や遺族によって、出来事を含む「線」とその時の「点」に分断されて、救助した側の消防士は「閉ざされた声」として黙さざるをえない状態に追い込まれていた。

しかし、野村さんは経験を話すようになり、現在語り部として活動している。話すなかで、もちろん遺族からすれば聞きたくない内容もあるかもしれないし、救助活動は何が正解で何が不正解なのか誰にもわからない。しかし、経験した人が次世代に伝えることにより、経験からの教訓、今後の課題、今やるべきこと、これからの未来を救える。野村さんは「語り部として、経験教訓、今後の課題、こういうことしないと死にますよって言うのは、おじさん（自分）しかいない。当時市民ができなかったこと、こうしてたら良かったことやこうしないと死ぬでっていうことを当時の消防士として堂々と言える。自分が体験して自分が指揮してた現場の話やから話ができる」（二〇二二年九月三〇日　野村勝さん聞き取り調査より）と話す。

野村さんの経験談を聞くと、震災に対するリアルな恐怖が感じられる。当時を経験しているからこそ、あの時何ができていなかったのか、何をするべきであったのかを、インパクトを持って聞き手に伝えることができる。このように、震災当時の「点」が、追い込まれ閉ざされた声という「点線」となり、後に語り部としての「実線」に姿を変えていった。野村さんは自らの使命として、トラウマを語る力に変えてきたのである。

参考文献

飛鳥井望、一九九九、「不安障害　外傷後ストレス障害（PTSD）」『臨床精神医学　増刊号』二八：一七一―一七七
内野小百合、二〇一四、「災害救助者におけるレジリエンスの文献検討」『東京女子医科大学看護学会誌』九（一）：一五―二〇
河田恵昭、一九九七、「大規模地震災害による人的被害の予測」『自然災害科学』一六（一）：三―一三
児玉真美、二〇一五、「医療の意思決定をめぐる親の思い」『日本重症心身障害学会誌』四〇（一）：七一―七二
野島真美・岡本博照・神山麻由子・和田貴子・角田透、二〇一三、「東日本大震災に派遣された消防官の惨事ストレスとメンタルヘルスについての横断研究」『杏林医学会雑誌』四四（一）：一三―二三
兵庫県長寿社会研究機構こころのケア研究所編、二〇〇〇、『災害救援者の心理的影響に関する調査研究報告書：阪神・淡路大震災が消防職員に及ぼした長期的影響』兵庫県精神保健協会こころのケアセンター

参考資料

堺ロータリークラブ阪神大震災救援特別委員会、一九九五、「阪神淡路大震災救援記録」（https://da.lib.kobe-u.ac.jp/da/eqb/0100055392/shinsai-5-250.pdf　二〇二三年六月二三日取

得）

東京都福祉保健局、二〇一九、「トリアージハンドブック」
（https://www.hokeniryo.metro.tokyo.lg.jp/iryo/kyuukyuu/saigai/triage.files/handbook.pdf
二〇二三年七月六日取得）

6章　被災者／非被災者の境界を溶かす新たな当事者の在り方

新道千尋・細見理沙

はじめに

なんかあった時に、（あなたは）震災の揺れ知らんやろっていわれるんですよ。それの仲間はずれ感じゃないけど。俺もなんで神戸におって一緒に震災ならんかったんかなって思うぐらい、申し訳ないというか変なトラウマというか被災地に対しての遠慮というか。

（二〇二一年九月一三日　慈憲一《うつみけんいち》さん聞き取り調査より）

現在日本では、毎年のように異常気象や地震などの災害が起こっている。様々なメディアで報道がされるなか、私たちはついつい災害を経験した人（当事者）の大変さや苦しみに目を向けがちである。しかし、災害を直接経験した人だけが苦しむというわけではない。

つまり、直接には地震などの揺れをその場で経験していないけれども、それによって疎外感に苛まれて苦しむ人たちも少なからずいる。神戸市灘区に住む慈憲一さん（現在五六歳）もその一人で、阪神・淡路大震災が起きた一九九五年当時は東京に住んでおり、地震を直接経験したというわけではない。しかし、慈さんの両親と弟は神戸に住んでおり、安否もわからず家も無事か情報も入らなかったために神戸に戻ってきた。そうして復興に向けて神戸で暮らすなか、地震を経験した周囲と経験していない自分との違いに気づき、心のなかに「疎外感」を抱えて二〇年以上も苦しんできた人なのである。なぜ彼は疎外感を感じなければならなかったのか。

このように、本人は災害の事象を経験していないが、生まれ育った土地が壊滅し家族が被災した人は、完全な「非当事者」であるともいえず、曖昧な立ち位置であるがゆえに当事者そのものとは別の悩みを抱えることになる。このような苦しみはあまり知られていない。

彼の話を聞くと「自分たちは微妙な立場だ」という意識があり、それにより周りとの違いを感じていたことがわかった。自分の立ち位置がわからないために、どのような意識で「当事者」と接してよいかわからず、彼らと同じ感情になることはできないと思っていた。この疎外感の問題は、当人と周りの人で当事者性の意味合いが違うことにより起きていると気づかされた。しかし、疎外感を感じていた頃よりもむしろ、現在の慈さんは当事者としての意識が高い状態にあることがわかってきた。本章では慈さんの事例をもとに、当事者性を決めているものは何なのかを明らかにする。当事者性の枠組みそのものを問うことで、当事者の可変的なグラデーションを示すことを狙いたい。

一　実感の湧かない震災

当時東京に住んでいた慈憲一さん（当時二八歳）は、一九九五年一月一七日の朝にテレビのニュースを見て、神戸で地震が起きたことを知った。神戸に住んでいる家族に何度も電話したがつながらず、帰ろうにも新幹線は止まっていた。東京では当たり前の普通の日常が続いており、神戸で大きな地震が起こったということがとても信じられなかった。朝の時点では神戸の情報があまりなかったこともあり、全く実感が湧かないまま普段通り出勤した。とにかく情報を得るためにラジオを聴いていると、死者の第一報が流れた。読み上げられた十数人の名前のなかには、慈さんのよく知る二人の友人の名前があった。これはとんでもないことが起こっていると思い、家族も全員死んでしまったと腹を括った。そして、その日は家族と連絡が取れないまま夜を迎えた。しかし幸いなことに、翌日に避難所にいる家族から電話があり、全員無事だとわかった。それでもまだ、どこか他人事のような気がしていたという。

そして、その日の午後には、京都までの新幹線とかろうじて動いていた何本かの電車を乗り継ぎ、最終的には実家から約一三キロ離れた駅までたどり着いた。そこからは電車も完全に止まっており、家までは歩くしか方法がなかった。国道二号線沿いをずっと歩き続けていたが、御影《みかげ》地域を過ぎたあたりから、いつもなら見えていたはずの家や街頭の灯りがなくなり、あたりは闇に包まれていた。停電のため東に避難しようとする車列のヘッドライトで照らされていた道も、一本北の道に入ると暗闇になった。そのほかにも、付近では当時、震災の影響でガスが爆発するという噂がたっており、多くの人々が東へ東へと逃げていた。「そっちへ行くと危ないで」と声をかけられたが、家に帰るためにはひたすら西へと進むしかなかった。道は倒壊した家の瓦礫などで塞がれていたため真っ直ぐに歩くことができず、そのような道を避けながら実家を目指した。道すがらガス管から火が出ている様や、火事の残り火で焚火をしている人を目にして、ようやくこの事態を飲み込んだ。

それまでは東京で空から映した神戸の映像を見ても、まるで遠い国の戦争を見ているように冷静であったが、実際に神戸の町を歩くと生まれ育った神戸の惨状を直に感じ、亡くなった友人のことや過去のことが走馬灯のように一気に思い出されてきた。ここでようやく、彼は当事者として震災を実感したのである。実家の近くに来ても、渋滞で進めなくなった救急車のサイレンとヘリコプターの大きな音が暗闇のなかでこだまして、とても怖く感じた。慈さんはこの日の夜のことを思い出すと、未だにぞっとするという。実家に到着したのは東京を出てから九時間も経った後だった。

慈さんの心配をよそに、実家に着くと家族は、東京ではもっとひどい揺れがあったのではないかと心配していた。まさか神戸だけが揺れていたとは思いもしなかったようだ。玄関以外の場所は物が崩れ住めるような状態ではなかったため、家族は手狭な玄関で生活をしていた。家には車が二台あったが、一台は地震で潰れてしまい、無事だったもう一台の車のなかで慈さんが寝泊まりすることになった。

被害を受けた慈さんの実家の本堂
（1995年、慈憲一氏提供）

慈さんはそれから一週間神戸に滞在して実家の片付けを手伝い、その間にたくさんの遺体を目の当たりにした。ただ、慈さんの実家はお寺ということもあり、慈さん自身もお葬式の手伝いをしていた経験から遺体は見慣れていた。それでも、震災の混乱による日数経過が原因で普段見たことがないほどに膨張した遺体の有様や、遺体安置所にずらっと並んでいた遺体の数の多さに呆然としたが、時間が経つにつれその衝撃は薄れていった。

この時の慈さんは、自分の地元が被災してしまったことへの衝撃が強く、自身が当事者かどうか考える余裕はなかったというが、漠然とした当事者の感覚はあった。しかし、ある言葉をきっかけに、慈さんは「自分は当事者ではない」という疎外感を覚えることになる。

二 疎外感を感じ始める

震災翌年の一九九六年に、慈さんは当時働いていた東京の会社を辞め、地元の復興委員会や実家の再建を手伝うために神戸に戻ってきた。元々入っていた神戸市灘区味泥《みどろ》地区の復興委員会の活動を続けながら、その翌年には灘区民まちづくり会議企画運営委員会という地区の活動に参加し始め、イベントの企画や運営、広報などに携わっていた。

そこで活動していくなかで、同じ活動者である年配の男性に「(あんた、地震の)揺れ知らんやろ」と冗談交じりにいわれ、衝撃を受けた。確かに震災当日は神戸にいなかったため、実際に揺れを経験したわけではない。しかし、復興のために神戸に戻ってきて活動をしている自分にとっては痛い言葉であった。その人の軽い冗談に、急に突き放されたかのような気がした。自分は被災者なのか/そうでないのか、神戸にとって自分は内側の人間なのか/外

仕事を辞め東京から戻ってきた慈さん（1996年、慈憲一氏提供）

側の人間なのか。それはとても曖昧であるように思い、次第に当事者意識を失っていった。時には、なぜ自分はあの日、神戸にいなかったのか、一緒に揺れを経験したかったとさえ思うこともあった。そのような心のわだかまりはすぐに消えることはなく、自分は周りの人と違い震災を経験していないという疎外感は、長い間心のしこりとして残り続けた。

当時の慈さん自身は、自分を当事者ではないと考えていた。では当事者でないとしたら、慈さんは非当事者なのだろうか。一般的に当事者という概念は、その事柄に直接関係している人とされている。「その事柄」を「地震の揺れ」と捉えるなら、一九九五年一月一七日五時四六分に揺れを体感した人が当事者となり、慈さんはその場にはいなかった。実家や自分の思い出の場所が崩壊したが、揺れを経験していない慈さんは〝非当事者〟ということになる。

しかし、この考え方を用いると非当事者には非常に多くの人が入り、当時外国に住んでいた人と慈さんが同じ枠に入ってしまう。一方で「その事柄」に「その後の復興まで」を含める場合、一年後に神戸に帰ってきて復興の取り組みに参加し、現在にいたるまで地元の発展に貢献している慈さんは本当に当事者ではないのだろうか。このように当事者／非当事者の境界は曖昧で、当人たちの考え方に依存する場合が多い。

三　疎外感がなくなる過程

震災から二八年経った現在では、慈さんのなかにあった疎外感はもうない。それでは、慈さんの心のなかに執拗に残り続けていた疎外感はどのようにしてなくなっていったのだろうか。震災後の活動を通して、その過程をみていく。

前述したが、一九九七年に慈さんは灘区民まちづくり会議企画運営委員会に参加することになる。その委員会は震災後に組織されたもので、震災で暗くなっている灘のまちを区民自身が盛り上げることを目的としていた。また、一九九九年頃には個人的に「naddist」というメールマガジンの配信を始めた。それらの活動を通して、灘の町をどうしたらもっと好きになってもらえるか、灘区民を元気にするには何をしたらいいかなど、灘の未来を明るくしようと取り組んだ。

メールマガジンでは町の情報などを発信しており、その読者を集って町をめぐるツアーも行った。ツアーでは、震災で被害に遭う前の街を思い出しながら、実際に町をめぐる。それは決してネガティブなものではなく、自分たちの大切な町と仲間との思い出を振り返るイベントであった。自分の知っている場所が震災でどう変わったのかを、いうなれば興味本位で見に行くため、本来それは不謹慎にも成り得るが、地震自体を経験していない客観的な立場にいる自分だからこそできたことだと慈さんは考えている。

自分がかつて慣れ親しんだ町が一瞬で崩壊し、自分の住んでいた街がなくなってしまったことは、被災した人々に喪失感を与える。ツアーに集まった人々は、皆その喪失感を抱える人々であった。彼らにとって、変わってしまった街の様子を自分一人だけで見るのは辛いことで、勇気がいった。しかしツアーに参加して街をめぐり、自分と同じ思いを持った人々と震災前の楽しかった思い出話をすることで、それぞれの大切な街の思い出を改めて確認することができたのである。

震災からしばらく経つと、摩耶山で神戸の夜景を眺めながら灘のお酒を味わうなど、震災とは関係なく地域を楽しむイベントも行った。疎外感は依然心のなかに残っていたが、神戸にも当時の震災を経験していない人々が徐々に増え、震災の話題が出なくなり、疎外感を意識せずに済むようになった。そのような状況のなか、慈さんに震災当時の話をする機会が訪れる。

震災発生から二〇年後の二〇一五年に、ポプラ社が『BE KOBE　震災から20年、できたこと、できなかったこと』という本を出版するということで、慈さんはそのインタビューを受けることになった。その内容は、新しい神戸の町を作るにあたって、様々な分野で活躍している人々を描いたものであった。そのインタビューを受けるまで、疎外感のこともあり、震災のことについて積極的には話さないようにしていた。しかし、実際にインタビューを受けてみると、自分が想像していた以上に震災について話せることに気がついた。インタビューを受けて以来、慈さんは震災について自然と自分から人に話すようになっていく。

第三者に話すという行為は、他人に自分の話を聴かせるものだと認識しがちだが、実はそれと同時に自分自身にも話を聴かせているのである。つまり、他人に「話す」ことは自分で「聴く」ことでもあるということだ。自分のなかで溜め込んでいた思いを口にすると、悩みの本質に気づいたり、解決策を見つけたりすることがある。自分で言葉を聴くことにより、自身のなかにある考えを改めて整理しているのである。

慈さんは震災の話をしていくなかで、当時自分が震災をどう感じたか、そして今はどう思っているかなど、震災について深く考えることができた。そうして震災と向き合うことで、知らず知らずのうちに心のわだかまりは薄れ、皆と一緒に揺れを経験したかったという気持ちもなくなっていた。話すという行為がきっかけとなり、長い間心のなかに抱えていた疎外感がなくなっていったのである。

四　当事者性の獲得

当事者性の変化

慈さんの疎外感が解消される過程でどのようなことが起こったのか。まず、疎外感について考えていくうえで重要な部分である当事者性との関係を明らかにしておく。当事者性と疎外感は深い関係にあり、ある事柄において当事者性が低くなると、その事柄やそれを知っている人たちに対して疎外感が生じる。反対に、当事者性が高くなると疎外感もなくなるのである。このことから、慈さんの場合は当事者性が高くなったため疎外感がなくなったといえる。

ここで、慈さんが揺れを経験しなかったという事実は変わっていないのにもかかわらず、なぜ当事者としての意識が高くなったのかという疑問が生じる。当事者と非当事者の境界線が曖昧なように、当事者性にもはっきりとした線引きはなく、当事者性の程度はグラデーションのように連続的に変化するものと考えるほうが実情に近い。そこで、当事者性の変化を二段階に分け考察していく。

一つ目の変化は、慈さんが神戸で活動を続け、復興に関わることで自分でも意識しないうちに震災に対する当事者意識が上がったというものである。三節で述べたように、慈さんは復興委員会と灘区民まちづくり会議企画運営委員会の活動に加え、個人的にメールマガジンの配信や街をめぐるツアーなども行っていた。その全ては神戸に関する活動であり、実際に揺れを経験した人以上に、震災後の街の活動に数多く取り組んできたことがわかる。慈さんが震災に対して当事者でないのならば、ここまで熱心に活動していなかっただろう。

二つ目の変化は、慈さんが震災への当事者性について考える際、揺れに焦点を当てるのではなく、震災後復興に参加して神戸の町に関わったということに目を向けるようになり、当事者意識が上がったというものである。震災に対する当事者性について改めて考え、整理をするきっかけとなったのが、自分の経験について語ることだった。

私たちはそれぞれが多くの事柄に対し当事者である。しかし、普段それらの事柄への当事者性について意識することはあまりない。当事者ではない他者の存在を認識することで初めて、自分が当事者であるのか、もしくは非当事者であるのかについて考えることになるのである。慈さんは、震災の当事者からの「揺れを知らんやろ」という言葉で、自分の当事者性としての自覚の低さを意識するようになり、震災から二〇年後の取材を通して震災の非当事者へ語ることで、自分の当事者性の変化に気づくことになった。一つ目の変化は慈さんの無意識下で当事者性が底上げされたのに対し、二つ目の変化では当事者性が意識上にのぼったことを慈さん自身も認識している。

地震のエネルギーの中心部分にいるかどうかの差ではなく、神戸での自分の活動に焦点を当てるようになった理由として、一つ目は揺れに着目して震災を語る人が少なくなったことが考えられる。二〇一五年の時点で神戸市民のうち約四割もの人が震災を経験しておらず、震災について語ることができる人が減少していたことがわかった（日本経済新聞 二〇一五）。灘区民まちづくり会議企画運営委員会にいた時はメンバーにも震災を経験していない人が多くなっていた。このような状況になると揺れを経験している人が少ないため、震災について話す場合も揺れに関するものは減少する。そのため慈さん自身が震災について考える時、揺れよりもその後の活動を意識するようになり、当事者性における焦点も変化したのである。

二つ目の理由として慈さんが自分の経験を周囲に話していったことがあげられる。社会学者で不登校・ひきこもりの当事者を研究している貴戸理恵は、生きづらさからの当事者研究会、通称づら研という場にコーディネーターとして参加している。そこは、毎回違うテーマについて議論し、そのなかで個人の経験や抱えている生きづらさを打ち明け、意見の交換などもしながら話し合いを重ねる場である。貴戸はづら研で起こった相互作用のパターンを「受け止め」「異見の提示」「掘り下げ」「発見」「玉突き式展開」の五つの段階で説明している（貴戸 二〇二二：二四七‐二五五）。そのなかの「発見」について、次のようなことが述べられている。「ああだこうだと着地点がみえない話が展開していくなかで、ふと「こういうことかもしれない」と比較的クリアな言葉で現実や感覚が表されることがある」（同書一二五二）。

これを慈さんに当てはめて考えると、次のようなことがいえる。私たちのようなインタビュアーに慈さんが自分の震災に関する経験を話すと、当時のことを経験していないインタビュアーにとっては、慈さんは当事者になる。そのため慈さんへの質問や話は慈さんが当事者であるという前提に行われることになる。つまり、完全に外側の立場の他者から、自身が当事者であると「発見」するようにアプローチをかけられている状態になる。さらに、自分で自分に当時の経験を聴かせているうちに、それまで揺れの経験が阪神・淡路大震災の当事者性を決めていると認識していたのが、自分の経験そのものも当事者性の判断材料になると考えられるようになった。当事者性に客観的な境界線が存在せず、極めて主観的なものであるがゆえに、慈さんは阪神・淡路大震災の当事者性の認識を変えることができたのである。

当事者性を決定する二つの側面

これまで当事者は、自らの経験のみをもって決まると考えられていた。しかし、今回の聞き取りを踏まえると、それだけで決まるものではないとわかる。他人に話すことで自分の当事者性に気づいたように、経験という内側だけで足りない場合に外側からの刺激を受けて当事者になることができるのである。また、当事者自身が外側に立つということも刺激になりうる。この場合外側に立つというのは、自分自身を外側からみることでもあり、非当事者の立場で考えるということでもある。自分の置かれている状況や自分のやってきたことに当事者性を見出すためには、それを外側からみて自覚しなければならない。実際に慈さんは、人に話して自分を振り返るまで自分の当事者性に気づいていなかった。聞き取りで慈さんは次のように話している。

どっちかっていったらね、僕ね当事者でありつつ、ちょっと傍観的なところもあるんです。それは東京におったたっていうのもあるんですけど。一方では冷静にみてる自分がいるのは確かですよね。当事者の口調では喋るけども、どこかこう。これは震災だけの話じゃないんですけど、神戸に対しても。ちょっとひいてみる。これは僕の特性かもしれないんですけど。そういうところは個人的にはあるんで。両面使う時あるね。

（二〇二二年一二月一五日　慈憲一さん聞き取り調査より）

この「両面使う」という言葉に、当事者の意識のこれまでの概念を溶かすヒントがあるのではないか。慈さんは震災や神戸に対して少しひいてみるところがあり、内側と外側の両方の側面を持っていることがわかる。そしてこの冷静さが、自身を振り返った際に、自分の当事者性を自覚することを助けた。曖昧な立場にいる人が当事者意識を持つためには外側の存在が必要不可欠であり、慈さんの場合は人と話し、外側からの刺激を受けたことでそれが成立した。つまり、実際の経験と外側からの視点の両方を持って初めて当事者となるのである。

社会学者の松岡廣路は「『当事者性』は、個人や集団の当事者としての特性を示す実体概念というよりも、『当事者』またはその問題的事象と学習者との距離感を示す相対的な尺度と捉えられるべきであろう。『当事者』またはその問題との心理的・物理的な関係の深まりを示す度合いといってもよい」（松岡 二〇〇六：一八）と述べている。ここでは第三者である学習者を対象とした当事者性が述べられているが、当事者については示されていない。そのため当事者を含む全員に当てはまる当事者性を考える必要がある。経験だけに注目するのではなく、第三者とのコミュニケーションで得られる客観的な立場について当事者を考えたならば、本来的な当事者性の定義はその事柄と自分の関係を外側から考えることである。

これまで曖昧な立場の人に焦点を当ててきたが、それ以外も含めた全ての当事者は外側の視点を持つことで当事者性を確立しているのではないだろうか。実際の経験が十分な人もその経験を人に話して自分を振り返っているため、曖昧な立場の人と同じように外側の視点を得て当事者性をより高めていることが考えられる。このように全ての当事者は、事柄の内側と外側の両面を持って自らの当事者性を見出しているのである。

慈さんの事例から、最初はぼんやりとしていた当事者としての意識が、他者からの言葉で紆余曲折ありながらも、内側（様々な活動や語りによる自己の意識の底上げ）と外側（外部からのアプローチによる発見）からの刺激で変化していった過程こそ、まさに応答的な「当事者」のあり方を鮮やかに示しているといえるのである。

参考文献

貴戸理恵、二〇二二、『「生きづらさ」を聴く――不登校・ひきこもりと当事者研究のエスノグラフィ』日本評論社

BE KOBEプロジェクト編、二〇一五、『BE KOBE――震災から20年、できたこと、できなかったこと』ポプラ社

平野智之、二〇一二、「『関係性としての当事者性』試論――対話的学習モデルの検討から」『人間社会学研究集録』七：九九―一一九

松岡廣路、二〇〇六、「福祉教育・ボランティア学習の新機軸――当事者性・エンパワメント」『日本福祉教育・ボランティア学習学会年報』一一：一二―三二

宮﨑理、二〇二一、「ベル・フックスの『関係性の教育学』における『当事者性』――社会的排除・抑圧を克服するためのソーシャルワーク教育への示唆」『関係性の教育学』二〇（一）：一三九―一五〇
向谷地生良、二〇〇九、『技法以前――べてるの家のつくりかた』医学書院
向谷地生良・浦河べてるの家、二〇〇六、『安心して絶望できる人生』ＮＨＫ出版

参考資料

日本経済新聞、二〇一五、「阪神大震災、20年重み胸に前へ　神戸市民、4割経験せず」

あとがき

新道 千尋（金菱ゼミナール学生代表）

阪神・淡路大震災における五感をテーマにすると決めてから一年以上、私たちは自分たちなりの感覚で震災に向き合い続けた。

今回の研究で私たちは二つの大きな壁にぶつかった。一つは震災発生からの時間経過である。三〇年近く経っているということもあり、街中で声をかけて調査対象者を探していた私たち学生にとっては、当時のことを知っている人を見つけることがまず難しかった。実際に私自身も、対象者を見つけるまでに約半年間がかかっており心の折れる思いもした。最初は手当たり次第に地震の被害があった街を回っていたが、手応えがなかった。そのため、訪ねる時間帯を街の人に時間の余裕が生まれる一四時から一七時に変えたり、聞き取りの時間を短くすることも可能な旨を伝えるなど、なるべく少しでも話してもらえるように工夫をした。

しかし、当時の記憶がある人ということで、年齢がある程度高い人や被害が大きかった地域を選んで声をかけてもなかなか見つからず、声をかけたなかでは当時のことを知らない人のほうが多かった。神戸市東灘区の岡本駅周辺で探していた時は、声をかけた人が五人連続で震災後に住み始めた人だったということもあった。当時のことを知っていても、予定があったり話したくないという人もいた。

もう一つの壁は、震災の五感を研究対象にしての聞き取りと、それを文章化することである。私たちは日常生活で当たり前のように五感を使っているからか、いざそれについて考えてみるとどのように切り取ればよいのかわからず、対象者を見つけてから文章化するまでに多くの時間を費やした。震災の経験を注視すれば五感を取り逃がし、五感を意識すれば経験からずれてしまうというように、聞き取りの最初の段階からなかなか進まなかった。

また、聞き取りの対象者自身も五感について意識したことはあまりなく、どう答えてよいのかと戸惑わせてしまった。このように感覚を聞き取ってくることにも困難が生じ、テーマを複数回変えた学生もいた。そうしたなかでは、対象者の当時の感覚を理解し共有すること自体がとても難しく、自分事として捉えられずに研究の意味を見失っていた。私たちは震災に対して、自らの当事者性を見出せず距離が生まれてしまっていた。

しかし、各々が聞き取りで当時の生々しい経験に触れるなかで、その感覚を読者に伝える意味を感じるようになっていった。地震大国である日本に住んでいる私たちは、これまでも震災について学ぶ機会は少なくなかった。私自身が神戸で育ったこともあって学校での震災教育なども受けており、震災についてはよく知っているほうだったと思う。実際に小学校では、当時の映像のビデオを見て、地震が起きたらどういう行動をするか皆で考えるという震災に関連する授業を毎年受けたり、校外学習で「人と防災未来センター」を見学するなど、様々な震災学習で阪神・淡路大震災について学んできた。

ところが、実際に当時を経験していない人が震災について知っていることの多くは「阪神・淡路大震災は震度7の揺れだった」「高速道路が倒壊した」などの一般的な知識に留まっている。自分もそこにいたのではないかと感じられるほど、リアル感を伴う話を聞く機会は、非常に少なかっただろう。だからこそ、私たちが生の感覚を媒介し、それを知らない人に届ける必要があるとも気づかされた。

また、先述した私たちと震災のあいだに距離が生まれてしまったことが功を奏した例もあった。距離があることで俯瞰的にみることが可能になり、今までになかった視点で事象を検討することができた。こうした新しい視点で考えるというところに、今回震災を経験していない私たちが研究した意義を見出した。

本書は各章ごとのテーマに沿った研究結果を伝えると同時に、あの時何が起こり、人々がどのように感じ、考えて、どう行動したかを伝えるものになっている。多くの人が復興したと感じている今、改めて阪神・淡路大震災とはどういうものだったのかを冷静に見つめ、一人一人が震災とは何かを考えるきっかけになれば幸いである。これまでの調査に協力し関わっていただいた全ての方に感謝を申し上げたい。

本書を作成するにあたり、内部校正として、赤井志帆さんと庄司貴俊さんにご協力をいただいている。さらに関西学院大学出版会の戸坂美果さんと田中直哉さんには、学生の論文集に対して温かい支援と出版の道を開いてくださったことに改めて御礼を申し上げたい。

関西学院大学 震災の記録プロジェクト

（金菱ゼミナール 2023 年度 4 年生）

大村《おおむら》　楽《らく》　高菅《たかすが》　峻《しゅん》 ………………………… 1 章

山口栞奈《やまぐちかんな》　市田侑聖《いちだゆうせい》 ………………………… 2 章

谷口峻平《たにぐちしゅんぺい》　澤田京吾《さわだきょうご》 ………………………… 3 章

坂野《さかの》　舞《まい》　吉川友貴《よしかわゆうき》 ………………………… 4 章

竹中鈴花《たけなかりんか》　山谷美優《やまたにみゆ》　中西麻衣《なかにしまい》 ……… 5 章

新道千尋《しんどうちひろ》　細見理沙《ほそみりさ》 ………………………… 6 章

編者紹介

金菱　清（かねびし・きよし）

1975年　大阪生まれ
関西学院大学大学院社会学研究科博士後期課程単位取得退学　社会学博士
現在　関西学院大学社会学部教授
（2020年3月まで東北学院大学教養学部地域構想学科教授）
専攻　環境社会学・災害社会学
主著　『生きられた法の社会学——伊丹空港「不法占拠」はなぜ補償されたのか』新曜社2008（第8回日本社会学会奨励賞著書の部）、『3.11慟哭の記録——71人が体感した大津波・原発・巨大地震』（編著）新曜社2012（第9回出版梓会新聞社学芸文化賞）、『千年災禍の海辺学——なぜそれでも人は海で暮らすのか』（編著）生活書院2013、『新体感する社会学——Oh! My Sociology』新曜社2014、『震災メメントモリ——第二の津波に抗して』新曜社2014、『反福祉論——新時代のセーフティーネットを求めて』（共著）ちくま新書2014、『呼び覚まされる霊性の震災学——3.11生と死のはざまで』（編著）新曜社2016、『震災学入門——死生観からの社会構想』ちくま新書2016、『悲愛——あの日のあなたへ手紙をつづる』（編著）新曜社2017、『私の夢まで、会いに来てくれた——3・11亡き人とのそれから』（編著）朝日新聞出版2018、『3.11霊性に抱かれて——魂といのちの生かされ方』（編著）新曜社2018、令和元年度社会調査協会賞（優秀研究活動賞）受賞、『災害社会学』放送大学教育振興会2020、『震災と行方不明——曖昧な喪失と受容の物語』（編著）新曜社2020、『永訣——あの日のわたしへ手紙をつづる』（編者）新曜社2021、『逢える日まで——3.11遺族・行方不明者家族10年の思い』（河北新報社編集局と共著）新曜社2022、『災害の記憶を解きほぐす——阪神・淡路大震災28年の問い』（編著）新曜社2023。

五感でとらえなおす　阪神・淡路大震災の記憶

2023年12月10日初版第一刷発行

編　者　関西学院大学 震災の記録プロジェクト
　　　　金菱清（ゼミナール）

発行者　田村和彦
発行所　関西学院大学出版会
所在地　〒662-0891
　　　　兵庫県西宮市上ケ原一番町1-155
電　話　0798-53-7002

印　刷　協和印刷株式会社

Printed in Japan by Kwansei Gakuin University Press
ISBN 978-4-86283-371-6